U0612174

电网技术改造工程概算定额（2015年版）使用指南

电力工程造价与定额管理总站 编

中国电力出版社

CHINA ELECTRIC POWER PRESS

图书在版编目（CIP）数据

电网技术改造工程概算定额（2015年版）使用指南/电力工程造价与定额管理总站编 . —北京：中国电力出版社，2018.4
ISBN 978-7-5198-1487-8

Ⅰ . ①电… Ⅱ . ①电… Ⅲ . ①电网－技改工程－概算－定额－中国－指南 Ⅳ . ①F426.61-62

中国版本图书馆 CIP 数据核字（2017）第 298836 号

出版发行：中国电力出版社
地　　址：北京市东城区北京站西街 19 号（邮政编码 100005）
网　　址：http://www.cepp.sgcc.com.cn
责任编辑：高　芬（fen-gao@sgcc.com.cn）　郭丽然
责任校对：太兴华
装帧设计：赵姗姗
责任印制：邹树群

印　　刷：北京雁林吉兆印刷有限公司
版　　次：2018 年 4 月第一版
印　　次：2018 年 4 月北京第一次印刷
开　　本：850 毫米×1188 毫米　32 开本
印　　张：6.875
字　　数：154 千字
印　　数：0001—5000 册
定　　价：68.00 元

版 权 专 有　侵 权 必 究
本书如有印装质量问题，我社发行部负责退换

电力工程造价与定额管理总站
关于印发 2015 年版《电网技术改造工程和检修工程定额及费用计算规定使用指南》的通知

定额〔2018〕4 号

各有关单位：

为了更好地指导 2015 年版电网技术改造工程和检修工程定额及费用计算规定在实际工程的应用，合理确定工程造价，提高工作效率，公正维护工程建设各方的合法权益，电力工程造价与定额管理总站组织编写了 2015 年版《电网技术改造工程和检修工程定额及费用计算规定使用指南》（以下统称使用指南）。该套使用指南包括《电网技术改造工程预算编制与计算规定使用指南》《电网技术改造工程概算定额使用指南》《电网技术改造工程预算定额使用指南》《电网拆除工程预算定额使用指南》《电网检修工程预算编制与计算规定使用指南》和《电网检修工程预算定额使用指南》，现予以印发。

本套使用指南由电力工程造价与定额管理总站负责解释，在工程应用中如发现问题或不当之处，请与我站联系（www.cecm.net.cn）。

本套使用指南由中国电力出版社出版发行。

附件： 1.《电网技术改造工程预算编制与计算规定使用指南》（另发）

2.《电网技术改造工程概算定额使用指南》（另发）

3.《电网技术改造工程预算定额使用指南》（另发）

4.《电网拆除工程预算定额使用指南》（另发）

5.《电网检修工程预算编制与计算规定使用指南》（另发）

6.《电网检修工程预算定额使用指南》（另发）

电力工程造价与定额管理总站

2018 年 1 月 10 日

前　　言

2015 年 7 月，国家能源局以国能电力〔2015〕270 号文批准颁布了《电网技术改造工程定额及费用计算规定》（2015 年版）和《电网检修工程定额及费用计算规定》（2015 年版）。为了使电力技经人员更好地了解上述定额的编制背景、内容构成和工程量计算规则，准确理解定额的使用方法，合理确定工程造价，电力工程造价与定额管理总站组织编写了 2015 年版《电网技术改造工程和检修工程定额及费用计算规定使用指南》。该套使用指南包括《电网技术改造工程预算编制与计算规定使用指南》《电网检修工程预算编制与计算规定使用指南》（简称《预规使用指南》）和《电网技术改造工程概算定额使用指南》《电网技术改造工程预算定额使用指南》《电网拆除工程预算定额使用指南》《电网检修工程预算定额使用指南》（简称《定额使用指南》）。

《定额使用指南》针对 2015 年版《电网技术改造工程和检修工程定额》和《电网技术改造工程和检修工程定额营改增估价表》进行编制，内容涵盖电网技术改造和检修项目中的建筑修缮工程、电气工程、输电线路工程、调试工程、通信工程。《定额使用指南》详细介绍了定额的编制内容、编制依据、编制原则、使用范围、涵盖内容等，主要内容包括前言、册说明和各章内容。《定额使用指南》根据具体定额的章节设置情况，就定额每章的主要内容、与老版定额的主要变化、定额子目工作内容、计量单位、计算规则、使用调整原则等做了详细说明，另外，为便于使用者更好地了解和应用定额，增加相关案例供大家参考。

本套使用指南在编写过程中，先后以多种形式进行了广泛的意见征求，认真听取和采纳了多方意见和建议，为使用指南的顺利完成打下了坚实基础。在此，谨对为本书编写工作付出辛勤努力和给予无私帮助的单位及个人表示由衷的谢意。同时，由于受时间和能力所限，对本使用指南中存在的疏漏和不当之处，敬请批评指正。

本套使用指南由电力工程造价与定额管理总站负责解释。

编者

2018 年 1 月

总　说　明

一、《电网技术改造工程概算定额》（2015 年版）共 3 册，包括：

第一册　建筑修缮工程　　　第二册　电气工程
第三册　通信工程

二、本套定额适用于 1000kV 及以下变电（串联补偿）工程、±800kV 及以下换流工程、1000kV 及以下输配电线路工程的技术改造工程。

三、本套定额是编制工程概算的依据，也是编制最高投标限价、投标报价和工程结算的基础依据。

四、本套定额是在设备、材料及器材等完整无损，符合质量标准和设计要求，并附有制造厂出厂检验合格证和试验记录的前提下，按电网技术改造工程合理的施工组织设计、施工机械配备以及合理的工期、正常的地理气候条件下制定的。定额中的人工、材料、施工机械台班消耗量反映了电网技术改造工程施工技术水平和组织水平，除各章节另有具体说明外，均不得因实际施工组织、施工方法、劳动力组织与水平、材料消耗种类与数量、施工机械规格与配置等的差异而对定额进行调整或换算。

目　　录

第 一 册　建筑修缮工程

册 说 明

《电网技术改造工程概算定额 第一册 建筑工程（2015 年版）》（简称"2015 年版技改建筑概算定额"）是为了适应电网技改工程快速发展的需要，科学反映其物料消耗及其市场价格变化情况，合理确定和有效控制电网技改工程造价水平，规范电网技改工程投资行为，维护各参与方合法权益，本使用指南已根据定额〔2016〕45 号文估价表的内容进行说明。

一、2015 年版技改建筑概算定额的适用范围、内容及作用

（1）2015 年版技改建筑工程概算定额适用于 1000kV 及以下电网建筑技术改造工程、±800kV 及以下换流站技术改造工程、通信站技术改造工程、串补站技术改造工程。上述工程以外的项目可以参考执行。本定额不适用于新建、扩建工程。

（2）2015 年版技改建筑概算定额包括建筑物与构筑物一般土建（除输电工程土建）、给水、排水、采暖、通风、照明（除电气安装照明）、特殊消防（除消防电源、DCS 消防控制盘）、建筑物与构筑物防雷接地工程。

（3）2015 年版技改建筑概算定额是编制工程概算的依据，也是编制最高投标限价、投标报价和工程结算的基础依据。

二、2015 年版技改建筑概算定额编制基础及主要依据

（1）《电网技术改造工程预算编制与计算规定》（2015 年版）（以下简称"电网技改预规"），技改建筑概算定额子目设置和概算定额子目的工作内容是根据电网技改预规有关费用性质划分和建筑与安装项目划分的规定确定的。

（2）《电网技术改造工程预算定额 第一册 建筑修缮工程（上册、下册）》（2015 年版）。每一个概算定额子目都相当于"子目项目"的预算，是若干个预算定额与工程量的集合。

（3）2013年以来电网技改工程施工图设计图纸，包括变电站、换流站、通信中继站等工程施工图纸。

变电工程选用的施工图纸有 1000kV AIS 布置工程、750kV AIS 布置工程、500kV AIS 布置工程、500kV GIS 布置工程、330kV AIS 布置工程、220kV AIS 布置工程、220kV HGIS 布置工程、220kV GIS 布置工程、220kV 屋内配电布置工程、220kV 地下配电布置工程、110kV AIS 布置工程、110kV GIS 布置工程、110kV 屋内配电布置工程、66kV GIS 布置工程、66kV 屋内配电布置工程、35kV 屋内配电布置工程。

换流站工程选用的施工图纸有±800kV 换流站工程、±660kV 换流站工程、±500kV 换流站工程、"背靠背"换流站工程。

通信工程选用的施工图纸有中继站工程、下话站工程。

（4）电网技改工程施工方案（包括施工组织设计、施工措施等方案）。变电工程施工组织设计选用的项目有 1000kV 变电站施工组织设计、750kV 变电站施工组织设计、500kV 变电站施工组织设计、±800kV 换流站施工组织设计、±500kV 换流站施工组织设计。

三、2015 年版技改建筑概算定额结构及子目的调整

2015 年版技改建筑工程概算定额是在 2013 年版建筑工程概算定额基础上，结合电网技改在设计、施工、管理过程中出现的新技术、新工艺、新设备、新材料，根据技改新的规程、规范、标准，考虑施工、管理的需要，对定额的结构、子目进行重新设置，与 2013 年版建筑工程概算定额相比有较大变化，详见表 0-1。

表 0-1　2015 年版与 2013 年版建筑工程概算定额变化对比表

章	项目名称	定额节			定额子目		
		2013 版定额	2015 版定额	删除节	2013 版定额	2015 版定额	删除子目
第 1 章	土石方与施工降水工程	4	4		27	22	5
第 2 章	基础与地基处理工程	5	4	1	47	24	23
第 3 章	地面与地下设施工程	6	3	3	39	18	21
第 4 章	楼面与屋面工程	5	5		51	34	17
第 5 章	墙体工程	4	4		42	33	9
第 6 章	门窗工程	2	2		20	17	3
第 7 章	钢筋混凝土结构工程	4	3	1	25	13	12
第 8 章	钢结构工程	4	3	1	24	11	13
第 9 章	构筑物工程	5	1	4	176	25	151
第 10 章	站区性建筑工程	7	4	3	75	49	26
第 11 章	室内给水、排水、采暖、通风空调、建（构）筑物照明、防雷接地、特殊消防工程	7	5	2	156	25	131
	小计	53	38	15	682	271	411

四、2015 年版技改建筑概算定额消耗量

定额消耗量是通过计算全国各地区具有代表性的、不同类型工程的施工图纸预算工程量，在综合分析定额子目工程量的基础上，执行 2015 年版技改建筑预算定额修缮工程中规定，综合计算形成概算定额的定额消耗量。

五、2015 年版技改建筑概算定额价格水平的取定与调整

1．关于人工

（1）本定额的人工分普通工和建筑技术工，人工用量包括基本用工、其他用工、辅助用工和施工幅度差。

（2）本定额人工单价：普通工 37 元/工日，建筑技术工 52 元/工日；每个工日为 8h。

（3）人工消耗量包括了在正常施工情况下不可避免但又很难准确计量的用工和各种工时损失，主要包括：各工种间的工序搭接及交叉作业相互配合影响所发生的停工；施工机械在施工场地内转移及临时水电线路移动所造成的停工；质量检查和隐蔽工程验收工作的影响用工；班组操作地点转移用工；各工种之间的配合用工；施工中不可避免的其他用工。

（4）人工单价可以调整。调整的方法以电力工程造价与定额管理总站发布的调整文件为准。由于人工单价形成要素不同以及日工作时间组成要素不同，各省市地区、各部委发布的人工费调整文件一律不作为电力行业定额人工费调整的标准。

（5）定额基准工日单价中包括了各种工资性津贴，不再计算各地区工资性津贴补差。今后，国家人力资源和社会保障部发布的有关工资补助文件以及各地区有关人工费调整等内容，以电力工程造价与定额管理总站发布调整文件为准。

2．关于材料

本定额中材料分为计价材料和未计价材料。

（1）定额计价材料。

1）计价材料包括直接消耗在工作内容中的使用量和规定的损耗量（包括场内搬运损耗、施工现场堆放损耗、施工操作损耗），计价材料消耗量除定额另有说明外，不作调整。

2）施工过程中所需的周转性材料，如挡土板、垫木、

操作平台、跨越架、过路钢板、脚手架、枕木等，均按照周转次数摊销计入定额。

3）属于管理费范畴的工器具不包括在内。

4）定额中计价材料单价按照电力行业2015年第一季度材料预算价格综合取定。

5）定额中计价材料价差可以调整。调整的方法以电力工程造价与定额管理总站发布的调整文件为准。由于材料单价形成要素不同，各省市地区、各部委发布的材料费调整文件一律不作为电力行业定额材料费调整的标准。

（2）定额未计价材料。

1）未计价材料在定额材料栏内带有"（）"，使用时应按设计用量加施工损耗另计，部分材料损耗率因各专业施工条件等原因影响有所区别，施工损耗率详见各册定额相关说明。

2）定额未计价材料的损耗为施工损耗，即从工地集散地仓库（材料站）到现场的运输装卸损耗、保管损耗和施工损耗。

3）工程量不计算损耗；只有计算未计价材料费时，按设计用量加损耗计算。

4）初步设计阶段材料量为估计数量时，不计算施工损耗。初步设计阶段如设计不能提供数量，可按定额"（）"内所列定额用量计算。

5）未计价材料费用未包含在定额基价中，其价格可依据电力工程造价主管部门或市场材料价格信息计列。

3．关于施工机械（包括仪器仪表）

（1）机械台班用量包括合理施工用量和必要间歇消耗量等。

（2）本定额施工机械（包括仪器仪表）台班费按电力行业2015年机械台班库综合取定。

（3）施工机械台班单价可以调整。调整的方法以电力工程造价与定额管理总站发布的调整文件为准。由于施工机械台班单价形成要素不同以及机械性能与规格的差异，各省市地区、各部委发布的施工机械台班费调整文件一律不作为电力行业定额施工机械台班费调整的标准。

（4）施工机械使用年限在两年以内的小型机械或仪表，未列出使用的消耗量，其购置、摊销和维护费用包括在《电网技术改造工程预算编制与计算规定（2015 年版）》的施工工具用具使用费中。

六、册说明中的重点

（1）水平运输、垂直运输、建筑物超高施工等因素，系属于施工组织内容，是依附在主体施工项目上的工序，其费用已经包含在相应的主体概算定额子目中，执行概算定额时不作调整，亦不单独计算。

（2）施工用的脚手架（包括综合脚手架、单项脚手架、承重脚手架）搭拆系属于施工措施内容，其费用分解到相应的主体概算定额子目中，执行概算定额时不单独计算。

（3）混凝土施工费用调整。

1）混凝土作为人工材料是由石子、砂子、水泥、水拌和而成的。定额中的混凝土单价为制备混凝土的全部费用，包括组成混凝土材料费、制备混凝土所需的人工费和机械费、制备混凝土所需的辅助材料费、搅拌地至地面操作点水平运输费、混凝土制备材料损耗费、混凝土搅拌与水平运输损耗费。

2）考虑环境保护的要求，定额中混凝土施工按照施工现场集中制备（搅拌）、罐车运输、非混凝土泵车浇制考虑。

3）混凝土施工采用混凝土泵车浇制时，每浇制 $1m^3$ 混凝土构件成品增加 24.97 元施工费用，其中：材料费增加 25.23 元，机械费增加 11.02 元，人工费减少 11.28 元。增加或减少的费用构成定额"人材机"费用。

泵送混凝土工程量在初步设计阶段可以按照全站混凝

土量 80%计算。混凝土量不包括临建工程中的混凝土量，不包括购置成品混凝土构件的混凝土量。如有施工组织设计，泵送混凝土工程量按照施工组织设计确定。

4）混凝土施工采用现场制备（搅拌）时，每制备 $1m^3$ 混凝土减少 11.51 元施工费用,其中：机械费减少 20.58 元，人工费增加 9.07 元。增加或减少的费用构成定额"人材机"费用。

现场制备混凝土量根据工程混凝土构件成品工程量加定额施工损耗量计算。在初步设计阶段现场制备混凝土量可以按照全站混凝土量计算。混凝土量不包括临建工程中的混凝土量，不包括购置成品混凝土构件的混凝土量，不包括购置商品混凝土量。

5）工程采用商品混凝土时，直接用商品混凝土市场信息价计列。商品混凝土量按照混凝土构件成品工程量加定额中混凝土浇制损耗量计算，亦为定额工料分析的混凝土量。

6）现场制备混凝土发生的人工、机械作为计算编制基准期价差的基数，材料作为未计价材料，按照市场信息价计列。

（4）混凝土预制构件、金属构件、土石方等运输，除定额特殊说明外，运输距离均为 1km。

（5）砂浆强度等级、砂浆配合比例、混凝土粗骨料材质、钢结构材质、钢筋强度级别等是根据荷载与建筑等级来确定的，概算定额在编制时选用了不同项目的施工图纸，材料的强度与等级均综合在定额中，因此，执行概算定额时不作调整。现场浇制的混凝土结构强度等级大于 C40 时按照附录 A 进行调整。

（6）混凝土预制构件和金属构件不再区分构件的大小与种类，构件在制作、运输、安装等过程中所发生的正常施工损耗费用均综合在定额中，不另行计算。

（7）在混凝土配合比中不包括由于施工工期或施工措施的要求额外增加的混凝土外加剂（如减水剂、早强剂、缓凝剂、抗渗剂、防水剂、防冻剂等）。水工混凝土和地下混凝土已经综合考虑了混凝土抗渗、抗冻的要求，执行定额时不得因抗渗、抗冻标准调整混凝土单价。外加剂费用按照下列原则计算：编制初步设计概算时，可以不计算外加剂费用；工程量清单单价中，可以考虑由于施工工期或施工措施原因增加的外加剂费用；工程结算时，由于合同工期的原因可以计算外加剂费用，以赶工费的形式列出。

（8）除另有说明外，定额中第2章钢筋混凝土基础工程、第4章楼面与屋面工程、第7章钢筋混凝土结构工程不包括钢筋费用，应按照第7章第3节钢筋定额子目单独计算。定额中其他章节子目均包括钢筋费用，工程实际用量与定额含量不同时，不作调整。定额未计价材料中带括号的钢筋为参考用量，工程实际与其不同时，可进行调整，并按第7章定额子目计算费用。

（9）铁件为非标产品，需要现场加工配制。除另有说明外，定额中包括预埋铁件费用，工程实际用量与定额含量不同时，不做调整。定额中所列出的铁件子目供单独计算或结算铁件费用时参考。

（10）钢结构构件分为现场加工制作和购置成品两类。概算定额中的钢结构是综合考虑的，执行定额时不得因钢结构的类型而调整。在计算钢结构编制基准期价差时，现场加工制作类的钢结构一律以定额包括的制作、组装、除锈、防腐等工序所含人工、机械、材料消耗量作为计算编制基准期价差的基数；购置成品类的钢结构按照成品钢结构单价计算编制基准期价差，当工程所在地市场无成品钢结构价格时，按照预算定额中相应钢结构构件每吨制作、组装、除锈、防腐等工序所含人工、机械、材料消耗量价差进行计算。

（11）本定额未考虑在高海拔、高寒、风沙、酷热等特殊自然条件下施工的因素，发生费用时，按照有关规定另行计算。

（12）定额中凡注明"××以下""××以内"者，均包括其本身；注明"××以上""××以外"者，不包括其本身。

七、其他说明

（1）2015 年版技改建筑概算定额是依据 2015 年版预算定额进行编制，两本定额水平是一致的。同一工程项目概算定额水平可能高于或低于预算定额水平，是正常的。因为概算定额技术水平是通过加权平均取定的，并考虑了工程初步设计深度以及工程概算的作用等因素，而预算定额技术水平是在特定的技术条件下形成的。

（2）建设工程的抗震设防烈度标准是根据工程项目所在地的抗震烈度和建筑场地类别以及建筑的重要性来确定的。抗震设防烈度标准不同，主要表现在建筑结构和建筑材料方面。2015 年版技改建筑概算定额是以实物工程量为计量标准编制的，不再考虑抗震设防标准费用，根据需要据实计算相应抗震设防标准的工程量。

（3）2015 年版技改建筑概算定额对部分材料名称、规格进行了简化和合并，对费用比重较小的消耗性材料未列出明细，但其费用计入其他材料费。由于定额采用"当量法"编制施工机械台班的消耗，所以定额中不考虑其他机械费。

（4）2015 年版技改建筑概算定额子目的工作范围及内容在各章节说明中阐述，有关施工工序的范围及内容详见预算定额的有关说明。

第1章 土石方与施工降水工程

一、主要内容及适用范围

本章定额内容包括机械施工土方、人工施工土方、施工石方以及施工降水等内容。

本章定额适用于区域平整、建筑物或构筑物的土石方工程与施工降水工程。

（1）土石方工程定额适用于场地平整（竖向布置）、地下工程土石方开挖项目。工程把土石方作为一种材料进行利用的项目（地基处理等）不执行本章定额。土石方在施工过程中包括了土体开挖、运送、填筑、压密、弃土、土壁支撑、石方破解等工作内容。

（2）施工降水工程定额适用于地下工程施工时，出现地下水并需要排除的项目。施工期间由于降雨或其他地表水引发的基坑积水需要排除时，不执行施工降水定额。

二、与2013年版建筑概算定额主要差异

1. 定额章节子目变化

本章共分4节，22个定额子目，与2013年版建筑概算定额相比删除了5个子目。

2. 定额子目删除的原因

定额中删除了在技术改造项目中不用的5个子目。

3. 定额主要说明

主要建筑物与构筑物土方包括地下或半地下泵房、截洪（排洪）沟、220kV及以上电压等级的屋内配电装置室、地下变电站、通信站、换流站、串补站土方等工程。

4. 定额主要工程量计算规则

（1）单位工程不单独计算场地平整工程量。站区场地平整标高在±300mm以内时，按照站区占地面积减去建筑物与

构筑物（不含散水、台阶、坡道）占地面积乘以 0.1m 厚度计算场地平整工程量，执行机械施工土方场地平整定额。

（2）人工施工基坑挖深 2m 以内土方开挖长或宽＝基础底边尺寸＋0.7m＋0.5×挖深。

（3）人工施工沟槽挖深 2m 以内土方开挖长＝轴线尺寸，土方开挖宽＝基础底宽尺寸＋0.7m＋0.5×挖深。

（4）建筑物、构筑物外墙外 1m 以内沟管道的土石方开挖不计算工程量；突出墙面的柱与墙垛以及附墙风道与竖井道等基础的土石方开挖不计算工程量；坡道、运输道路的土石方开挖不计算工程量。上述土石方工程量已经综合在建筑物、构筑物的土方开挖工程量中。

（5）施工降水井管安拆。轻型井点降水系统按照连接轻型井管的水平管网长度计算。在初步设计阶段，可参照下列方法计算：井管单排布置时，长度按照井的根数乘以 1.2；井管双排布置时，长度按照井的根数乘以 1.4；井管环形布置时，长度按照井的根数乘以 1.4。

（6）施工降水系统运行按照使用套天计算工程量，使用套天从降水系统运行之日起至降水系统结束之日止。

三、主要说明解释

（1）主要建筑物与构筑物土石方定额子目是按照大开挖方法施工编制的。

（2）土方工程根据施工方法分为机械施工土方与人工施工土方。机械施工土方定额已经综合考虑了机具配置，如开挖机械、运输机械、碾压机械及人工配合机械施工的因素。石方工程不分机械施工与人工施工，均执行施工石方定额。石方放炮打眼综合考虑了人工凿孔和机械钻孔，石方出渣考虑了不同的装载机械、运输机械，石方回填碾压考虑了土石料的混合。

（3）土壤类别根据"土壤及岩石（普氏）分类表"进行

划分（详见《电网技术改造工程预算定额 第一册 建筑修缮工程 上册（2015年版）》附录 G）。Ⅰ~Ⅳ类为土，Ⅴ~Ⅹ类为岩石。定额中土方与石方的类别已经综合考虑。

（4）土方施工综合考虑了平整场地、挖湿土、桩间挖土、推土机推土厚度与积土压密、挖掘机垫板上作业、场地作业道路、行驶坡道土方开挖与回填等因素，执行定额时不做调整。

（5）场地平整设置了机械施工与人工施工两个定额子目。场地平整是指超出±30cm 以上土方的平整，包括平衡土方的挖、运、填、碾压与夯实，其中：机械施工土方运距 1000m 以内，人工施工土方运距 100m 以内。

（6）单位工程土方施工定额中包括±30cm 以内的平整场地费用。全站土方二次平整费用综合在场地平整费用中。二次平整后种植或铺设草皮的费用属于绿化费。清理草皮或剥离地表耕植土发生的费用属于绿化费。

（7）场地平整亏方碾压或夯实定额适用于区域竖向布置平衡土方以外的亏方区碾压或夯实，土方来源一是建构筑物基坑（槽）回填后余土，二是外购土。场地平整（竖向布置）土石方定额中包括挖土、土方运输 1000m、填方区回填土石方及碾压费用；场地平整（竖向布置）亏方碾压或夯填定额中包括土方推平、碾压或夯实费用，不包括外购土方的费用。

（8）主要建筑物与构筑物的土方工程除正常的土方施工内容外，还包括了由于基础埋深、地下沟道标高等原因，需要土方二次开挖、二次回填与倒运的工作内容。大于 2m 挖深的坑槽出土还包括了阶梯倒土或提土等工作内容。

（9）GJ1-15~GJ1-19 定额子目中包括石方开挖后的回填碾压或夯实费用。定额中没有考虑土方与石方级配费用，没有考虑石方回填时需要破碎的费用，没有考虑回填土方材料费，发生上述费用时参照相关标准另行计算。

（10）挖方区域土石方的边坡修整费用包括在相应的土石方开挖定额中。填方碾压或夯实费用中包括预留边坡处理的土石方量回填及回填边坡区域所采取的施工措施费用。

（11）施工降水根据降水方式执行定额。定额中包括挖排水沟、挖排水坑、打拔井管、安拆井管系统、安拆水泵、安拆排水管、安拆降水区域电源、安拆必要的安全设施以及抽水、值班、井管堵漏、维修、回填井点坑等工作内容。定额中材料消耗量为摊销量。

（12）施工降水系统定额中已经包括 100m 排水管的摊销费，外排水管长度大于 100m 时，其超出部分另行计算。施工降水系统由水泵、降水管网、外排水管、辅助设施组成。施工降水外排水管线标识见图 1-1～图 1-3。

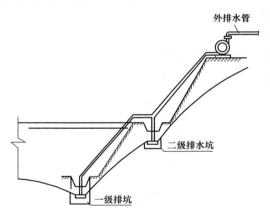

图 1-1 明排水施工降水方式外排水管线标识图

四、工程量计算规则

（1）土石方挖、填、运的体积按照挖掘前自然密实体积计算，松散系数与压实系数影响的土石方量已经在定额中考虑，不另行计算。

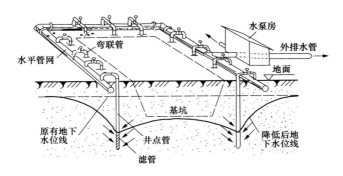

图 1-2 井点施工降水方式外排水管线标识图

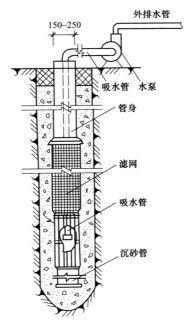

图 1-3 管井施工降水方式外排水管线标识图

（2）土石方量挖填起点以场地平整设计标高（即为最终标高）为准。土石方挖深为挖方起点计算至基础（或底板）垫层底标高，如图 1-4 和图 1-5 所示。

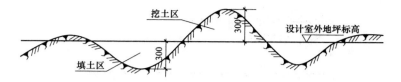

图 1-4　场地平整（竖向布置）土石方挖填起点标识图

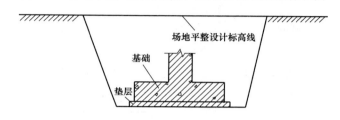

图 1-5　坑槽土石方挖深标识图

（3）场地平整（竖向布置）土石方量按照场地平整挖方量计算工程量；场地平整（竖向布置）亏方碾压或夯填工程量，按照场地平整（竖向布置）亏方量计算工程量，亏方量＝填方量－挖方量。

挖填方区域是指站区设计范围征地区域，站外铁路、公路、沟渠、管线、管理小区等土石方量单独计算，可以执行土石方工程定额。

（4）建筑物、构筑物基础土石方按照挖方体积计算工程量，不计算行驶坡道土石方开挖量。当土方挖深大于 1.2m 时，计算放坡工程量；当土方挖深小于 1.2m 时，不计算放坡挖方量，即取消土方开挖长或宽中的 0.5×挖深。

1）有关土石方计算边线如图 1-6～图 1-8 所示。

2）石方开挖允许超挖深度根据岩石类别选择加入石方开挖深度中。普通岩石 0.2m，坚硬岩石 0.12m。长度、宽度允许超挖量综合在工程量计算规则尺寸中，不另行计算。超挖部分岩石体积并入石方开挖量内。

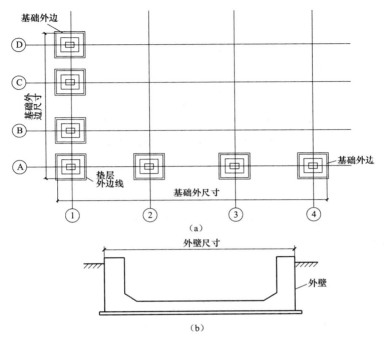

图 1-6　主要建筑物基础土石方开挖标识图

（a）外边尺寸标识；（b）外壁尺寸标识

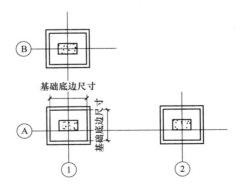

图 1-7　独立基础土石方开挖基础底边尺寸标识图

基础底宽尺寸

图 1-8　条形基础土石方开挖基础底宽尺寸标识图

　　3）土石方工程量按照体积计算，深基础土方开挖的运输坡道、垂直倒土阶梯土方开挖量不单独计算，费用综合在定额中。当土石方开挖深度不同时，应该分基础、分轴线、分区域计算开挖量。

　　（5）挖淤泥流砂工程量按照体积计算。淤泥流砂经常处于塑态或流态，其体积按照开挖时所处状态计算，开挖量包括清理工程量。开挖淤泥流砂发生支护费用不单独计算，发生地下降水、抛石挤淤费用参照有关定额单独计算。

　　（6）运距每增 1km 土石方量按照运方量计算。运方量是指土石方量开挖后需要运到指定地点的土石方量，其方量不是单指挖填平衡后的余土方量，应根据施工组织设计计算运输的土石方量，包括开挖土石方量、回填土石方量、余土外运方量。

　　（7）施工降水。

　　1）轻型井点降水采用二级降水时，分别计算每一级连接轻型井管的水平管网长度。

　　2）施工降水系统运行按照降水系统使用套天计算工程量，使用天数为从降水系统运行之日起至降水系统结束之日止的连续天数，不考虑其间的运行状态。外排水按照自流方式考虑，其他排水方式另行计算排水设备费。

　　五、工程案例

　　案例 1-1　已知基础如图 1-9 所示，土为三类土，采用人工挖土，计算其土方概算直接工程费。

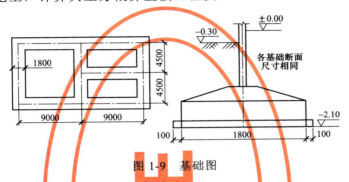

图 1-9　基础图

　　解：$V=(1.8+0.7+0.5×1.8)×(18×2+9×4)×(2.1-0.3)=440.64$（m^3）

　　套用定额 GJ1-12　定额基价＝24.88 元/m^3

　　人工挖土直接工程费为

　　　　　　$440.64×24.88=10963$（元）

第 2 章　基础与地基处理工程

一、主要内容及适用范围

本章定额包括条形基础、独立基础、设备基础、地基处理等内容。

本章定额适用于建筑物、构筑物的基础（除变配电构支架、围墙、管道基础等外）与全站地基处理工程。

（1）变配电构支架、围墙、管道等基础定额在相应的章节定额中。

（2）基础与地基处理定额中，不包括特殊防腐费用。当地下水含有硫酸盐等腐蚀性物质时，混凝土外表面刷防腐剂、钢桩外表面加强防腐、采用耐腐蚀混凝土等特殊防腐的费用，应根据设计的要求单独计算。

二、与 2013 年版建筑概算定额主要差异

（一）定额章节子目变化

本章共分 4 节，24 个定额子目，与 2013 年版建筑概算定额相比删除 23 个子目。

（二）定额子目删除的原因

定额中删除了在技术改造项目中不用的 23 个子目。

（三）定额主要说明

（1）钢筋混凝土基础定额中，不包括钢筋制作、安装；砌体基础、毛石混凝土基础、素混凝土基础定额中，包括钢筋制作、安装。

（2）打拔钢板桩定额按照桩重复利用编制。定额计算了拔桩、桩修理维护、摊销折旧等费用。定额中包括锁口检查工作内容。

（四）定额主要工程量计算规则

浇制混凝土基础与主体结构的分界如下：

（1）条形基础与墙身以条形基础顶标高分界。

（2）独立基础与柱以独立基础顶标高分界。

三、主要说明解释

（1）砌筑基础工程包括清理基层、浇制或铺设垫层、砌筑基础、砌筑基础短柱与基础墙、浇制地圈梁、浇制或安装孔洞过梁、浇制混凝土支墩、浇制构造柱柱根、填伸缩缝、钢筋制作与连接、铁件制作与预埋、安拆脚手架等工作内容。

砌筑基础包括砌筑砖基础、毛石基础。

基础短柱是指独立基础大放脚顶标高至室内地坪标高之间的结构柱，如图 2-1 所示。基础墙是指条形基础大放脚顶标高至室内地坪标高之间的结构墙，如图 2-2 所示。

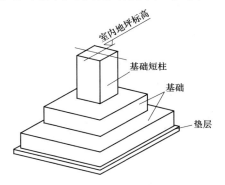

图 2-1　基础短柱标识图

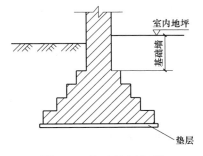

图 2-2　基础墙标识图

（2）浇制基础工程包括清理基层、浇制混凝土垫层、浇制基础、浇制基础底板与顶板及连梁、浇制或安装孔洞过梁、浇制混凝土支墩、浇制构造柱柱根、填伸缩缝、制作并安拆杯芯、杯口凿毛、杯口灌浆、铁件制作与预埋、安拆脚手架等工作内容。基础工程中，不包括垫层上铺油毡以及基础防冻胀费用，发生时另行计算。

浇制基础包括浇制毛石混凝土基础、素混凝土基础、钢筋混凝土基础。

浇制毛石混凝土基础、素混凝土基础工程包括钢筋制作与连接。

1）基础连梁是指设置在基础底标高、基础与基础相连接的结构梁，主要是承受由于地震、不均匀沉降、温度变形等产生的荷载，如图 2-3 所示。

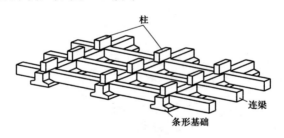

图 2-3　基础连梁标识图

2）浇制钢筋混凝土承台梁执行条形基础定额。当承台梁长度小于 3 倍承台梁宽度时，执行独立基础定额。

3）浇制钢筋混凝土承台板执行独立基础定额。当承台板长度大于 3 倍承台板宽度时，执行条形基础定额。

（3）设备基础工程包括清理基层、浇制混凝土垫层、浇制基础、预埋螺栓孔、配合安装螺栓固定架、铁件制作与预埋、二次灌浆、安拆脚手架等工作内容。设备基础定额中还包括同一组基础间连接沟道的浇筑以及混凝土沟盖板铺设工作内容，不包括钢盖板、钢爬梯、钢栏杆的制作与安装工作内容。

1）变压器基础油池包括砌筑或浇制油池壁与底板、安装油箅子、填放鹅卵石等工作内容。油坑壁综合了砌筑和浇制，当防火墙墙壁兼作油坑壁时，定额不做调整。

2）变压器与电抗器轨道搬运基础执行钢筋混凝土条形基础，钢轨单独计算。

3）在敞开式露天布置的开关场中，落地式设备基础按照其他设备基础单独计算，包括端子箱基础。在封闭式（屋内）布置的配电室中，除变压器基础、排油坑、冷凝器基础以外，其他落地式设备基础均不单独计算，包括断路器基础。GIS 基础单独计算，HGIS 基础参照 GIS 基础单独计算。

（4）地基处理工程包括土方施工，有关土方施工的费用不单独计算；地基换填定额子目中，土方开挖是按照人工施工考虑的，机械施工土方时不做调整。土方换填定额中未考虑土方材料费，发生时另行计算。

（5）水泥搅拌桩包括泥浆搅拌工作内容。

（6）换填工程包括基坑土方开挖、土方外运、基底夯实、换填材料铺设、密实等工作内容。换填土方不包括土方主材费。

四、工程量计算规则

（1）基础工程按照基础体积计算工程量，砌体结构墙与基础、柱与基础不分所用材料是否相同，均以室内地坪标高分界，室内地坪标高以下为基础。浇制混凝土环形柱基础与柱以基础短柱实心与空心交接处标高分界，实心部分为基础，空心部分为柱，如图 2-4 所示。

（2）条形基础长度按照建筑轴线长度计算，砌筑条形基础截面面积＝基础截面面积＋基础墙截面面积；浇制条形基础截面面积＝基础截面面积。

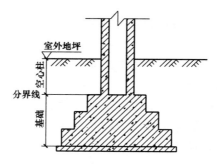

图 2-4　空心柱基础与柱分界标识图

计算条形基础体积时，基础长度按照建筑轴线长度计算，不考虑轴线与中心线的偏差。变压器与电抗器搬运轨基础按照实际长度计算工程量。

（3）设备基础工程按照设备基础体积计算工程量。计算体积时，不扣除螺栓孔所占体积，不计算基础垫层体积，计算同一组基础间连接沟道混凝土体积。设备基础中不含弹簧支座，弹簧支座随设备供货或另行配置，其费用列入设备购置费。

变压器基础油池工程量按照变压器基础油池容积计算工程量。计算油池容积时，不扣除设备及其基础、油箅子、卵石等所占的体积。容积＝净空高度×净空面积，净空高度为油池底板顶标高至油池壁顶标高，净空面积＝油池净空长度×油池净空宽度。

（4）水泥搅拌桩作为围护处理时工程量计算：按设计断面乘以长度计算。如图 2-5 所示，搅拌桩若为 $\phi700$ 双头钻，应按其设计断面"8"字形计算断面面积（约 $0.71\text{m}^2/\text{m}$），桩长以设计长度为准。

计算公式如下

$$S_1 = \frac{\arccos\dfrac{260}{350}}{180}\pi \times 0.35^2 - \frac{1}{2}0.475 \times 0.26$$

$$=0.0898-0.0618$$

$$=0.028（m^2）$$

每根桩截面积

$$S=2\pi\times0.35^2-2S_1=0.7137（m^2）$$

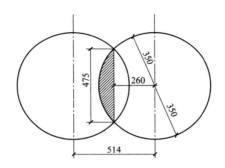

图 2-5　水泥搅拌桩示意图（单位：mm）

（5）换填按照被换填土挖掘前自然密实体积计算工程量。换填土基坑的开挖、支护、工作面等增加的工程量综合在定额中，不单独计算。

（6）回填砂定额主要适用于深基础的回填，其工程量按照回填区域的几何尺寸计算，即按照回填后密实体积计算。

五、工程案例

案例 2-1　某 35kV 配电室为一层砖混结构，24 墙，其基础轴线及断面见图 2-6，计算±0.00 以下基础工程的概算工程直接费。（混凝土按集中搅拌站制备）

解：（1）C20 钢筋混凝土条形基础。

$$V=[1.8\times0.25+（1.8+0.6）\times0.2\div2]\times（54+9\times2）$$

$$=49.68（m^3）$$

（2）M7.5 水泥砂浆砖基础。

$$V=[（2.1-0.1-0.45）\times0.24+0.01575]\times（54+9\times2）$$

$$=27.92（m^3）$$

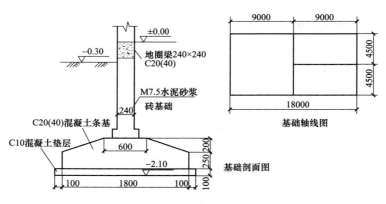

图 2-6 基础轴线及断面

（3）概算直接工程费。

表三乙　　　　　　　　　　　　　　　　　　　　　金额单位：元

序号	编制依据	项目名称	单位	数量	主要材料单价	建筑单价		主要材料合价	建筑合价	
						定额基价	其中人工		费用金额	其中人工
	GJ2-5	条形基础钢筋混凝土基础	m³	49.6800		135.85	83.53		6749	4150
	C01020701	铁件钢筋	kg	32.7888	2.872			94		
	C01020702	铁件型钢	kg	131.1552	3.063			402		
	C01020712	圆钢φ10以内	kg	1084.4150	3.925			4256		
	C01020713	圆钢φ10以外	kg	4190.8558	3.925			16449		
	C09032031	现浇混凝土 C10-40 商品混凝土	m³	7.9786	208.720			1665		
	C09032034	现浇混凝土 C25-40 商品混凝土	m³	50.6289	240.030			12152		
	GJ2-1	条形基础砖基础	m³	27.9200		109.73	72.15		3064	2014

26

序号	编制依据	项目名称	单位	数量	主要材料单价	建筑单价		主要材料合价	建筑合价	
						定额基价	其中人工		费用金额	其中人工
	C01020701	铁件钢筋	kg	6.1424	2.872			18		
	C01020702	铁件型钢	kg	24.5696	3.063			75		
	C01020712	圆钢 φ10以内	kg	54.1090	3.925			212		
	C01020713	圆钢 φ10以外	kg	287.5760	3.925			1129		
	C09020114	水泥砂浆 M5	m³	5.6008	162.600			911		
	C09020601	防水砂浆	m³	0.2848	338.175			96		
	C09032031	现浇混凝土 C10-40 商品混凝土	m³	4.2048	208.720			878		
	C09032034	现浇混凝土 C25-40 商品混凝土	m³	4.2271	240.030			1015		
	C10060201	灰土 2:8	m³	1.6166	35.270			57		
	C10070101	标准砖 240×115×53	千块	12.4356	315.340			3921		
		主材费小计						43331		
		小计						43331	9813	6164

27

第3章　地面与地下设施工程

一、主要内容及适用范围

本章定额包括阀厅与配电室地下设施、半地下建筑地面、复杂地面、普通地面等内容。

本章定额适用于阀厅、保护室与配电室地下设施，半地下建筑地面，其他建筑物与构筑物的地面工程。

地下设施是指室内地坪以下布置的沟道、地坑、池、设备基础、支墩等工程。半地下建筑是指地上建筑与地下建筑联合的建筑。

二、与2013年版建筑概算定额主要差异

（一）定额章节子目变化

本章共分3节，18个定额子目，与2013年版建筑概算定额相比删除21个子目。

（二）定额子目删除的原因

定额中删除了在技术改造项目中不用的21个子目。

（三）定额主要说明

地面与地下设施定额中包括建筑物、构筑物外墙外1m以内沟道与隧道的费用，超过1m的沟道与隧道执行第10章相应的定额。

三、主要说明解释

（1）地面与地下设施按照单位工程计列费用。地下设施中有地面，地面中有地下设施，定额是从工程量的大小来划分地下设施或地面，其属性与包括的内容是一致的。同一建筑地面做法不同时按照地面所处轴线位置分块计算，执行相应的定额。

（2）地下设施工程包括地面土层回填与夯实、铺设垫层、抹找平层、做面层与踢脚线（包括柱与设备基础周围），以

及浇制室内设备基础（非单独计算的设备基础）、支墩、地坑、集水坑、沟道与隧道、砌筑室内沟道、钢筋制作与连接、预埋铁件、浇制室外散水与台阶及坡道、浇制或砌筑室外明沟、安拆脚手架等工作内容，不包括钢盖板、栏杆、爬梯、平台、轨道等金属结构工程，发生时按照第 8 章的有关定额另行计算。地面与地下设施所含混凝土工程量是综合考虑的，工程实际含量与定额不同时不做调整。

阀厅及配电室地下设施定额子目适用于阀厅、保护小室、控制室及配电室的地下设施，不包括室内变压器基础、油坑及冷凝器等单独计算的设备基础设施。

非单独计算的设备基础均在地下设施或复杂地面中。

（3）半地下建筑地面工程包括零米标高悬臂板顶面找平层、面层与踢脚线，以及浇制室外散水与台阶及坡道、浇制或砌筑室外明沟、安拆脚手架等工作内容，不包括钢盖板、栏杆、爬梯、平台等金属结构工程，发生时按照第 8 章的有关定额另行计算。

半地下建筑地面是区别于全地下建筑与全地上建筑的一种需要在零米（或相当于零米）做局部地坪的建筑地面，如水泵房泵坑部分、半地下转运站、水处理室地下水池、采光井等建筑，在零米层四周设置悬壁板，板顶需要做面层。在编制概算时，这类建筑的地面要执行半地下建筑地面定额，零米悬臂板执行第 7 章定额。

（4）复杂地面工程包括地面土层回填与夯实、铺设垫层、抹找平层、做面层与踢脚线（包括柱与设备基础周围），以及浇制室内设备基础（非单独计算的设备基础）、支墩、地坑、集水坑、沟道与隧道、砌筑室内沟道、预埋铁件、浇制室外散水与台阶及坡道、浇制或砌筑室外明沟、安拆脚手架等工作内容，不包括钢盖板、栏杆、爬梯、平台、轨道等金属结构工程，发生时按照第 8 章的有关定额另行计算。

复杂地面的认定是看地面下是否有设备基础或生产性沟道，有则是复杂地面，否则是普通地面。生产性沟道是指室内非采暖、非建筑照明、非生活通风与制冷、非生活给水与排水、非消防管沟。变电工程主建筑物（运行综合楼、主控制楼）应执行复杂地面定额。室内行驶车辆的地面执行复杂地面（如汽车库、消防车库、备品备件库、材料库、室内开关场、室内直流场等地面）定额。

（5）普通地面工程包括地面土层回填与夯实、铺设垫层、抹找平层、做面层与踢脚线（包括柱周围），以及浇制或砌筑过门地沟、浇制室外散水与台阶及坡道、浇制或砌筑室外明沟、安拆脚手架等工作内容，不包括钢盖板、栏杆、爬梯、平台等金属结构工程，发生时按照第 8 章的有关定额另行计算。

普通地面的认定是地面下没有设备基础或生产性沟道，但是有过门地沟的地面也为普通地面。过门地沟是指从房屋建筑外墙门或其他位置引进房屋内的长度小于 2m 的端头沟道，如图 3-1 所示。过门地沟包括生产性地沟和非生产性地沟。

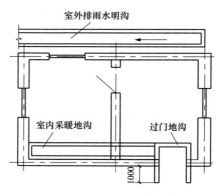

图 3-1　过门地沟示意图

四、工程量计算规则

（1）地下设施与地面根据地面面层材质，按照建筑轴线尺寸面积计算工程量，不扣除设备基础、洞口、地坑、池井、沟道、墙体、柱、零米梁板、地面伸缩缝等所占面积。

（2）根据地面材质分别计算工程量，在同一轴线面积范围内不同材质的地面面积应分别计算。地面上支墩、设备基础四周的面层不计算工程量，其费用综合在地面中。

（3）配电室、阀厅等项目计算地面（或地下设施）面积时，不扣除室内变压器基础、排油坑、冷凝器设备及其基础所占面积。

五、工程案例

案例 3-1 附录 1 是某 110kV 变电站综合楼建筑工程图，计算其地面工程的概算直接工程费。

解：该变电站综合楼一层除 10kV 开关室内设有电缆沟，属于复杂地面外，其余均属普通地面。

（1）复杂地面。

$$S = 15.6 \times 9 = 140.4 \ （\text{m}^2）$$

（2）普通地面。

$$S = 4.5 \times 9 = 40.5 \ （\text{m}^2）$$

（3）概算直接工程费。

表三乙 金额单位：元

序号	编制依据	项目名称	单位	数量	主要材料单价	建筑单价		主要材料合价	建筑合价	
						定额基价	其中人工		费用金额	其中人工
	GJ3-5	复杂地面水泥砂浆面层	m²	140.4000		88.88	48.36		12479	6790
	C01020216	槽钢 16号以下	kg	0.3931	3.925			2		

序号	编制依据	项目名称	单位	数量	主要材料单价	建筑单价		主要材料合价	建筑合价	
						定额基价	其中人工		费用金额	其中人工
C01020701	铁件钢筋		kg	176.0616	2.872			506		
C01020702	铁件型钢		kg	704.2464	3.063			2157		
C01020712	圆钢 φ10以内		kg	372.3408	3.925			1461		
C01020713	圆钢 φ10以外		kg	882.1332	3.925			3462		
C09020205	混合砂浆 M2.5		m³	2.4008	159.870			384		
C09020301	水泥砂浆 1:1		m³	0.1123	307.690			35		
C09020304	水泥砂浆 1:2.5		m³	1.9796	243.730			482		
C09021701	素水泥浆		m³	0.0842	434.951			37		
C09032002	现浇混凝土 C25-10 商品混凝土		m³	1.2776	266.840			341		
C09032003	现浇混凝土 C30-10 商品混凝土		m³	0.1123	275.920			31		
C09032012	现浇混凝土 C20-20 商品混凝土		m³	0.4072	235.090			96		
C09032031	现浇混凝土 C10-40 商品混凝土		m³	9.8420	208.720			2054		
C09032032	现浇混凝土 C15-40 商品混凝土		m³	0.8845	217.550			192		
C09032033	现浇混凝土 C20-40 商品混凝土		m³	33.3169	229.400			7643		
C10010101	中砂		m³	16.2864	61.437			1001		

序号	编制依据	项目名称	单位	数量	主要材料单价	建筑单价		主要材料合价	建筑合价	
						定额基价	其中人工		费用金额	其中人工
	C10020104	碎石 40	m³	9.3928	65.895			619		
GJ3-11		普通地面水泥砂浆面层	m²	40.5000		24.40	15.84		988	642
C01020216		槽钢 16号以下	kg	0.0041	3.925			0		
C01020712		圆钢 φ10以内	kg	4.1310	3.925			16		
C01020713		圆钢 φ10以外	kg	8.3430	3.925			33		
C09020205		混合砂浆M2.5	m³	1.3811	159.870			221		
C09020301		水泥砂浆1:1	m³	0.0284	307.690			9		
C09020304		水泥砂浆1:2.5	m³	0.8060	243.730			196		
C09020305		水泥砂浆1:3	m³	0.0041	230.280			1		
C09021701		素水泥浆	m³	0.0365	434.951			16		
C09032002		现浇混凝土 C25-10 商品混凝土	m³	0.0081	266.840			2		
C09032031		现浇混凝土 C10-40 商品混凝土	m³	3.3737	208.720			704		
C09032032		现浇混凝土 C15-40 商品混凝土	m³	0.2268	217.550			49		
C09032033		现浇混凝土 C20-40 商品混凝土	m³	0.5022	229.400			115		

序号	编制依据	项目名称	单位	数量	主要材料单价	建筑单价		主要材料合价	建筑合价	
						定额基价	其中人工		费用金额	其中人工
	C10010101	中砂	m³	4.3659	61.437			268		
	C10020104	碎石 40	m³	5.4027	65.895			356		
		主材费小计						22489		
		小计						22489	13467	7431

第4章 楼面与屋面工程

一、主要内容及适用范围

本章定额包括楼板与平台板、屋面板、屋面保温、屋面防水、楼面面层、天棚吊顶等内容。

本章定额适用于建筑物、构筑物的楼面与屋面工程。

二、与 2013 年版建筑概算定额主要差异

（一）定额章节子目变化

本章共分 5 节，34 个定额子目，与 2013 年版建筑概算定额相比删除了 17 个子目。

（二）定额子目删除的原因

定额中删除了在技术改造项目中不用的 17 个子目。

（三）定额主要说明

（1）钢筋混凝土楼板与屋面板定额中，不包括钢筋费用。

（2）钢筋混凝土屋面挑檐宽度与挑檐高度之和大于1.05m 时，其挑檐按照钢筋混凝土悬壁板定额单独计算。

（3）压型钢板屋面工程包括压型钢板、钢天沟板、排水支吊架等的制作与安装及刷油漆，以及压型钢板接头、收头、盖顶等工作内容。不包括独立的钢檩条、钢支柱、钢支架等钢结构制作与安装，发生时应按照第 8 章相应的定额另行计算。

（4）瓦屋面工程包括铺设挂瓦层、卧瓦层，铺设屋面瓦、屋脊瓦、端头瓦，挂角、收边、封檐等工作。

（四）定额主要工程量计算规则

计算楼面面层工程量时，不计算楼面孔洞侧壁、基础顶面与侧壁、楼板轴线外侧梁板面积。悬臂结构的梁板平台、楼面按照悬挑面积计算工程量。

三、主要说明解释

（1）楼板与平台板定额适用于建筑物、构筑物的楼面板与有柱支撑的平台板工程（不包括平台柱结构），包括楼板、板下非框架结构的钢筋混凝土梁、平台板、平台梁、楼梯、支墩、板上设备基础、防水檐等的浇制，以及板底抹灰（含混凝土梁）、板底刷涂料、脚手架安拆等工作内容，不包括楼板与平台板的钢梁、钢盖板、栏杆、爬梯、平台、钢格栅板等金属结构工程，发生时按照第8章的有关定额另行计算。楼梯的栏杆、栏板、扶手综合在定额中，不单独计算。

1）楼板是由结构墙或梁支撑的、起分割楼层作用的混凝土板；平台板是由柱支撑的混凝土板。

2）定额中楼梯栏杆是按照木扶手、钢管刷油漆编制的，当楼梯栏杆扶手采用其他材质时，可以参照预算定额计算标准调整。

（2）屋面板工程包括屋面板、屋面板下的非框架结构的钢筋混凝土梁、天沟板、挑檐等的浇制，以及屋面板底与挑檐底抹灰、板底刷涂料等工作内容，不包括屋面板钢梁、钢支柱、抗风架、栏杆、爬梯、平台等金属结构工程，发生时按照第8章的有关定额另行计算。

（3）压型钢板屋面工程包括压型钢板屋面板、屋面板骨架、钢天沟板等的制作与安装，以及压型钢板接头、收头、盖顶等工作内容。

（4）屋面有组织排水工程包括檐沟、水落管、水斗、漏斗、落水口、虹吸装置、支吊架等制作（购置）、安装、刷油漆等工作内容。屋面有组织排水根据系统布置分为内排水与外排水。

（5）屋面保温工程包括屋面隔气、保温、找平等工作内容。屋面保温根据材料执行定额。

（6）屋面防水工程包括屋面找坡、防水、找平、防护等工作内容。屋面防水根据材料执行定额。

（7）屋面架空隔热层工程包括砌筑砖支墩、隔热板制作与安装、抹灰、勾缝等工作内容。屋面架空隔热层定额为综合定额，执行时不做调整。

（8）楼面面层工程包括清理基层、抹找平层、做整体面层、铺砌面层与踢脚线等工作内容。定额子目适用于混凝土板上抹灰、块料铺砌工程。楼面面层是独立的建筑定额，与楼板、平台、混凝土底板结构定额配套执行。

（9）天棚吊顶工程包括安装吊顶骨架、灯池制作与安装、安装面层等工作内容。天棚吊顶龙骨与面层为不同定额，应配套执行。

四、工程量计算规则

（1）楼板根据结构形式按照面积计算工程量，面积按照楼板铺设部位的建筑轴线尺寸计算，不扣除楼梯间、洞口、支墩、设备基础、地面伸缩缝等所占面积。脱硫烟道支架楼板、平台板，根据平面布置，按照板外边缘线计算面积，扣除大于 $1m^2$ 洞口所占面积。

（2）混凝土屋面板根据结构，按照建筑轴线尺寸面积计算工程量，不扣除洞口、支墩、设备基础、屋面伸缩缝等所占面积。挑檐板、天沟板不计算面积，当挑檐板、天沟板宽与高之和大于 1.05m 时，按照悬臂板单独计算。

（3）压型钢板屋面按照屋面水平投影面积计算工程量，应计算挑檐板、天沟板面积。扣除设备、单个大于 $1m^2$ 的洞口所占的面积，压型钢板接头、收头、盖顶、伸缩缝连接的面积不计算工程量。

1）应注意压型钢板屋面板工程量计算规则与混凝土屋面工程量计算规则不同。压型钢板按照屋面水平投影面积计算工程量，屋面水平投影面积按照女儿墙外边线或挑檐板、天沟板外边线计算；混凝土屋面板按照建筑轴线尺寸面积计算工程量。

2）压型钢板屋面定额中不包括钢檩条、钢支柱、钢支架以及建筑出图的设备支架，如发生应按照第8章相应的定额另行计算。由于该部分钢结构需要制作厂家与设计配合，在可行性研究设计、初步设计阶段，当设计无法提供钢结构重量时，可按照压型钢板面积每平方米26.5kg计算。

（4）屋面有组织排水、保温、防水、屋面架空隔热层按照建筑轴线尺寸面积计算工程量，不扣除洞口、支墩、设备基础、屋面伸缩缝等所占面积。挑檐板、天沟板不计算面积。

（5）楼面、平台面层根据面层材质，按照建筑轴线尺寸面积计算工程量。在同一轴线面积范围内不同材质的楼面、平台面积应分别计算楼面、平台面层，不扣除楼梯间、设备基础、洞口、墙体、柱、楼面伸缩缝等所占面积。

楼面、平台面上支墩与设备基础四周的面层不计算工程量，其费用综合在楼面、平台面定额中。

（6）天棚吊顶按照天棚吊顶面积计算工程量，不扣除间壁墙、灯池、消防设施、通风孔、检查孔所占面积。天棚吊顶面积实际上是按照主墙间面积计算工程量，不扣除相关面积。

（7）坡屋面工程量按照设计尺寸计算水平面积后乘以屋面坡度系数计算。屋面坡度系数根据屋面坡度，按照定额规定的延尺系数和隅延尺系数选用。

五、工程案例

案例4-1 附录1是某110kV变电站综合楼建筑工程图，计算其屋面（板底803涂料刷白）、楼面工程（不包括钢筋）的概算直接工程费。

解：（1）楼板：

$$S = 20.1 \times 9 = 180.9 \ (\text{m}^2)$$

（2）楼板面层：

$$S = 20.1 \times 9 = 180.9 \ (\text{m}^2)$$

（3）屋面板：

$$S = 20.1 \times 9 = 180.9 \ (\text{m}^2)$$

（4）屋面有组织排水：

$$S = 20.1 \times 9 = 180.9 \ (\text{m}^2)$$

（5）屋面防水：

$$S_{卷材防水} = 20.1 \times 9 = 180.9 \ (\text{m}^2)$$

$$S_{刚性防水} = 20.1 \times 9 = 180.9 \ (\text{m}^2)$$

（6）概算直接工程费如下：

表三乙 　　　　　　　　　　　　　　　　　　　　　　　　金额单位：元

序号	编制依据	项目名称	单位	数量	主要材料单价	建筑单价		主要材料合价	建筑合价	
						定额基价	其中人工		费用金额	其中人工
	GJ4-2	楼板与平台板浇制混凝土板	m²	180.9000		87.48	38.63		15825	6988
	C01020500	扁钢综合	kg	43.2351	3.877			168		
	C01020712	圆钢 ϕ10以内	kg	1346.9814	3.925			5287		
	C01020713	圆钢 ϕ10以外	kg	2571.3126	3.925			10092		
	C09020405	混合砂浆 1:1:6	m³	1.9899	180.940			360		
	C09021301	麻刀砂浆	m³	0.3618	121.786			44		
	C09032012	现浇混凝土 C20-20 商品混凝土	m³	0.0905	235.090			21		
	C09032013	现浇混凝土 C25-20 商品混凝土	m³	20.9844	247.900			5202		

序号	编制依据	项目名称	单位	数量	主要材料单价	建筑单价		主要材料合价	建筑合价	
						定额基价	其中人工		费用金额	其中人工
	C09032034	现浇混凝土 C25-40 商品混凝土	m³	5.6622	240.030			1359		
	C09032037	现浇混凝土 C40-40 商品混凝土	m³	3.8532	296.050			1141		
	C11090106	乳胶漆	kg	50.3083	4.893			246		
	GJ4-18	楼面面层 水泥砂浆面层	m²	180.9000		9.62	6.81		1740	1232
	C09020301	水泥砂浆 1:1	m³	0.3618	307.690			111		
	C09020304	水泥砂浆 1:2.5	m³	3.6904	243.730			899		
	C09020305	水泥砂浆 1:3	m³	3.2200	230.280			742		
	C09021701	素水泥浆	m³	0.3437	434.951			149		
	C10010101	中砂	m³	0.0181	61.437			1		
	C11020201	彩釉砖 300×300	m²	4.2873	39.626			170		
	GJ4-6	屋面板 浇制混凝土板	m²	180.9000		85.95	37.40		15548	6766
	C01020712	圆钢 φ10 以内	kg	1531.4994	3.925			6011		
	C01020713	圆钢 φ10 以外	kg	1956.4335	3.925			7679		
	C09020304	水泥砂浆 1:2.5	m³	0.2533	243.730			62		

序号	编制依据	项目名称	单位	数量	主要材料单价	建筑单价		主要材料合价	建筑合价	
						定额基价	其中人工		费用金额	其中人工
	C09020305	水泥砂浆 1:3	m³	0.5970	230.280			137		
	C09020404	混合砂浆 1:1:4	m³	0.5065	205.370			104		
	C09020405	混合砂浆 1:1:6	m³	2.4241	180.940			439		
	C09021301	麻刀砂浆	m³	0.3437	121.786			42		
	C09021701	素水泥浆	m³	0.0905	434.951			39		
	C09032013	现浇混凝土 C25-20 商品混凝土	m³	30.5721	247.900			7579		
	C11090106	乳胶漆	kg	58.0327	4.893			284		
	GJ4-8	屋面建筑 屋面有组织内排水	m²	180.9000		22.88	3.48		4139	630
	C01020303	等边角钢边长 63 以下	kg	4.4140	3.829			17		
	C01030105	薄钢板 4 以下	kg	11.2339	4.021			45		
	GJ4-12	屋面建筑 三元乙丙防水	m²	180.9000		54.53	9.78		9864	1769
	C09020305	水泥砂浆 1:3	m³	3.7265	230.280			858		
	C09021701	素水泥浆	m³	0.1809	434.951			79		
	C09031301	炉渣混凝土 CL5.0	m³	33.8645	96.559			3270		

序号	编制依据	项目名称	单位	数量	主要材料单价	建筑单价		主要材料合价	建筑合价	
						定额基价	其中人工		费用金额	其中人工
	GJ4-14	屋面建筑细石混凝土刚性防水	m²	180.9000		11.69	9.70		2115	1755
	C01020711	圆钢 $\phi 6$ 以内	kg	252.7716	4.097			1036		
	C01020712	圆钢 $\phi 10$ 以内	kg	461.2950	3.925			1811		
	C09020305	水泥砂浆 1:3	m³	3.7265	230.280			858		
	C09021701	素水泥浆	m³	0.5608	434.951			244		
	C09032001	现浇混凝土 C20-10 商品混凝土	m³	9.3344	248.510			2320		
		主材费小计						58906		
		小计						58906	49232	19139

第5章　墙　体　工　程

一、主要内容及适用范围

本章定额包括外墙、内墙、隔断墙、墙体装饰等内容。墙体定额包括砖石、加气混凝土块、硅酸盐砌块、轻骨料混凝土墙板、金属墙板、苯板等不同材料的墙体。

本章定额适用于建筑物、构筑物的内墙、外墙、隔断、墙体装饰工程。

墙体工程中不包括门窗安装，门窗安装按照第6章相应的定额另行计算。当墙体中的雨篷悬挑宽度大于1.2m时，其整个雨篷板按照钢筋混凝土悬臂板定额另行计算。围墙、防火墙、抑尘墙、隔声墙工程执行第10章相应定额。

二、与2013年版建筑概算定额主要差异

（一）定额章节子目变化

本章共分4节，33个定额子目，与2013年版建筑概算定额相比删除9个子目。

（二）定额子目删除的原因

定额中删除了在技术改造项目中不用的9个子目。

（三）定额主要说明

（1）金属墙板工程包括压型钢板墙板制作与安装及刷油漆、压型钢板接头与收头、砌筑或浇制女儿墙、穿墙套板预制与安装，以及浇制混凝土压顶、雨篷、门框等工作内容。不包括金属墙板与主体工程连接的钢结构制作与安装，应按照第8章墙架定额另行计算。

（2）加气混凝土与空心砖及苯板等砌体内墙工程包括门窗洞口处、拉结钢筋处等实心砖砌筑及防开裂钢丝网敷设等工作内容。

（四）定额主要工程量计算规则

（1）金属墙板按照其墙体垂直投影面积计算工程量，扣除门窗及单个大于 $1m^2$ 洞口所占的面积，不扣除混凝土构件、穿墙套板等所占的面积，压型钢板接头与收头面积不计算工程量。

（2）女儿墙按照外墙工程量计算，零星砌体不单独计算工程量。

三、主要说明解释

（1）墙体分内墙、外墙、隔断墙、墙板等分别计算工程量。

1）女儿墙不单独计算工程量，其面积或体积合并到相应的外墙工程量中。

2）砌体外墙与女儿墙厚度不同时应分别计算体积。

3）砌体外墙采用现浇混凝土结构女儿墙时，女儿墙费用按照混凝土墙计算。

4）墙板外墙综合了女儿墙费用，不因女儿墙厚度、材质、高度而调整。

（2）砌体外墙工程包括外墙墙体、墙垛、扶壁柱、腰线、通风道、窗台虎头砖、压顶线、山墙泛水、门窗套等砌筑，以及墙体抹防潮层、砌钢筋砖过梁、钢筋混凝土过梁的浇制或预制与安装、埋砌体加固钢筋、浇制圈梁、浇制构造柱、浇制门框、浇制雨篷、浇制压顶、穿墙套板的浇制或预制与安装、预埋铁件、安拆脚手架等工作内容。加气混凝土与空心砖及苯板等砌体外墙工程包括门窗洞口处、拉结钢筋处、女儿墙处等实心砖砌筑工作内容。

（3）金属墙板工程包括压型钢板墙板制作与安装及刷油漆、压型钢板接头与收头、砌筑或浇制女儿墙、穿墙套板预制与安装，以及浇制混凝土压顶、雨篷、门框等工作内容。

1）金属墙板定额中包括了墙板，包括了依附在金属墙板中过梁、雨篷、门框、穿墙套板等混凝土构件及附件。金属墙板顶部的女儿墙不单独计算费用。

2）金属墙板定额中不包括墙板骨架、墙板支架、连接钢结构件、洞口加固钢构件，应按第8章相应的定额另行计算。由于该部分钢结构需要制作单位与设计单位配合，在可行性研究设计和初步设计阶段，当设计无法提供钢结构重量时，有保温金属墙板面积每平方米按照20kg计算；无保温金属墙板面积每平方米按照17.5kg计算。

（4）内墙工程包括内墙墙体、墙垛、扶壁柱、通风道的砌筑，以及墙体抹防潮层、砌钢筋砖过梁、钢筋混凝土过梁的浇制或预制与安装、埋砌体加固钢筋、浇制圈梁、浇制构造柱、预埋铁件、安拆脚手架等工作内容。加气混凝土与空心砖及苯板等砌体内墙工程包括门窗洞口处、拉结钢筋处等实心砖砌筑。

（5）隔断墙工程包括隔断墙制作与安装、木制结构刷油漆、水泥板隔断墙装饰等工作内容。隔断墙定额为综合定额，包括墙体与装饰。

（6）墙体装饰工程包括墙面清理基层、墙面基层与底层抹灰、装饰面层、刷油漆面等工作内容。墙体装饰定额与内墙和外墙定额配套执行，定额中的消耗量已经综合考虑了不同基层厚度与结合层做法，执行定额时不作调整。

（7）钢板（丝）隔断墙定额是按照双层布置考虑的，当用于有关电气建筑物的墙体、地面、天棚等屏蔽及保温墙外挂网工程时，定额相应乘以0.5系数。

四、工程量计算规则

（1）砌体外墙按照砌体体积计算工程量。外墙长度按照建筑轴线尺寸长度计算。外墙墙高：有女儿墙建筑从室内地坪（相当零米）标高（有基础梁的从基础梁顶标高）计算至女儿墙顶标高（不包括抹灰高度）；无女儿墙建筑从室内地坪（相当零米）标高（有基础梁的从基础梁顶标高）计算至檐口板顶标高（不包括抹灰高度）。墙体厚度按照设计墙厚计算，标准实心砖墙厚按照表 5-1 所示厚度计算。

表 5-1　　　　　　　标准实心砖厚度取定表

墙厚度	$\frac{1}{4}$ 砖	$\frac{1}{2}$ 砖	$\frac{3}{4}$ 砖	1 砖	$1\frac{1}{2}$ 砖	2 砖	$2\frac{1}{2}$ 砖
计算厚度（mm）	53	115	180	240	365	490	615

墙垛计算砌体工程量，通风道、腰线、窗台虎头砖、压顶线、山墙泛水、门窗套等砌体不计算工程量；扣除门窗及大于 1m² 洞口所占体积，不扣除钢筋砖过梁、过梁、砌体加固钢筋、圈梁、构造柱、雨篷梁、压顶、穿墙套板、框架或结构梁柱等所占体积。加气混凝土与空心砖及苯板等砌体外墙不单独计算实心砖砌体工程量。

砌体外墙定额不分墙厚按照材质执行定额，计算工程量时按照墙厚分别计算工程量。

（2）金属墙板按照墙体面积计算工程量，扣除门窗及大于 1m² 洞口所占面积，不扣除雨篷梁、压顶、穿墙套板等所占面积，压型钢板接头与收头面积不计算工程量。计算金属墙板面积时，墙板高度从墙板底标高计算至女儿墙顶标高。

（3）砌体内墙按照砌体体积计算工程量。内墙长度按照建筑轴线尺寸长度计算。内墙墙高：屋架下边的内墙从室内地坪标高（有基础梁的从基础梁顶标高）计算至屋架下弦底标高；有楼板隔层内墙从室内地坪标高（有基础梁顶标高）计算至楼板底标高；梁下边的内墙从室内地坪标高计算至梁底标高。墙体厚度按照设计墙厚计算，标准实心砖按照表 5-1 所示厚度计算。

墙垛、壁柱计算砌体工程量，扣除门窗及大于 $1m^2$ 洞口所占体积，不扣除钢筋砖过梁、过梁、砌体加固钢筋、圈梁、构造柱、通风道、框架或结构梁柱等所占体积。加气混凝土与空心砖及苯板等砌体内墙不单独计算实心砖墙砌体工程量。砌体内墙定额不分墙厚按照材质执行定额。

（4）墙体装饰分装饰材质按照装饰面积计算工程量。

1）内墙装饰长度按照建筑轴线尺寸长度计算。内墙装饰高：屋架下边的内墙从室内地坪标高计算至屋架下弦底标高；建筑有楼板分层的内墙从室内地坪标高计算至楼板底标高；有天棚吊顶的内墙从室内地坪标高计算至天棚底标高加 100mm。外墙内侧装饰工程量计算同内墙。

2）外墙装饰长度按照建筑轴线尺寸长度计算。外墙装饰高：有女儿墙建筑从室外地坪标高计算至女儿墙顶标高（不包括抹灰高度）；无女儿墙建筑从室外地坪标高计算至檐口板顶标高（不包括抹灰高度）。

3）挑檐宽度与挑檐高度之和大于 1.05m、雨篷悬挑宽度大于 1.2m 时，其装饰工程量另行计算，分材质并入墙体装饰工程量中。

4）门窗洞口的侧壁、窗台、门窗套、窗台虎头砖、外墙腰线、压顶线、山墙泛水、女儿墙内侧等抹灰不计算工程量。

5）嵌入墙体混凝土构件抹灰不单独计算；突出墙面梁、柱、壁柱、墙垛不计算工程量。

6）独立柱、支架按照展开面积计算装饰工程量。

7）内墙墙体装饰面积＝内墙面积×2＋外墙内侧的面积。

（5）钢板（丝）墙按照面积计算工程量，交叉、接头部分不计算面积，扣除门窗及大于 $1m^2$ 洞口所占面积，门窗及大于 $1m^2$ 洞口侧壁面积不计算工程量。

五、工程案例

工程案例见案例 6-1。

第6章 门窗工程

一、主要内容及适用范围

本章定额包括不同材质的门、窗、窗护栏等内容。

本章定额适用于建筑物、构筑物的门窗工程。

站区围墙大门、电动伸缩门工程执行第 10 章相应定额。

二、与 2013 年版建筑概算定额主要差异

（一）定额章节子目变化

本章共分 2 节，17 个定额子目，与 2013 年版建筑概算定额相比删除了 3 个子目。

（二）定额子目删除的原因

定额中删除了在技术改造项目中不用的 3 个子目。

（三）定额主要说明

（1）钢门为成品购置，不考虑现场制作。

（2）窗工程包括窗帘盒的制作和成品窗帘盒购置、安装、刷油漆等工作内容。工程实际与定额不同时不做调整。

（四）定额主要工程量计算规则

（1）窗护栏不分安装方式与结构形式，均按照窗洞口面积计算工程量。

（2）窗帘盒作为窗安装附属内容，不单独计算工程量。

三、主要说明解释

（1）木制门窗工程包括框与扇的制作与安装、刷油漆、装配玻璃与五金及配件、安装纱扇与纱亮子、钉铁纱，补塞框缝等工作内容。

（2）木门窗按照现场制作、安装考虑，定额中包括木材的干燥、成品木门窗的场内运输等工作内容。购置成品木门窗亦执行相应的木门窗定额。

（3）钢门窗与铝合金门窗及塑钢门窗工程包括门窗购

置、拼装组合、安装、安装纱扇、安装密封条、刷油漆、装配玻璃与五金及配件、安装地弹簧、钉铁纱、补塞框缝等工作内容。

（4）防火门定额综合考虑了不同的防火等级与材质，执行定额时不做调整。

（5）电子感应门、金属卷帘门工程包括感应装置、电动装置安装等工作内容。电动装置、感应装置不同时，其单价可以随同门一并调整，但安装费不变。

（6）电缆沟道、隧道需要安装防火门时，参照 GJ6-8 定额执行。

四、工程量计算规则

（1）门窗按照门窗洞口面积计算工程量。计算面积时，不考虑卷帘门的上卷面积、推拉门窗的框扇交叉等面积。

（2）窗护栏按照窗洞口面积计算工程量，突出墙壁部分的面积不计算工程量。

五、工程案例

案例 6-1 附录 1 是某 110kV 变电站综合楼建筑工程图，内墙面抹 1:3 水泥砂浆底，白色乳胶漆面，外墙 1:2 水泥砂浆底，贴普通饰面砖。配防火门与铝合金推拉窗，门窗尺寸分别为：

M-1：900mm×2700mm；M-2：900mm×2700mm；M-3：1800mm×2700mm；

C-1：900mm×1800mm；C-2：1800mm×1500mm；C-4：1800mm×1800mm。

计算其墙体及门窗工程的概算直接工程费。

解：（1）防火门。

$$S_外 = 1.8 \times 2.7 \times 3 + 0.9 \times 2.7 \times 2 = 19.44（m^2）$$

$$S_内 = 1.8 \times 2.7 + 0.9 \times 2.7 = 7.29（m^2）$$

$$S_门 = 19.44 + 7.29 = 26.73（m^2）$$

（2）铝合金推拉窗。

$S_{窗}=1.8\times1.8\times10+1.5\times1.8\times4+0.9\times1.8=44.82$（m²）

（3）砖砌外墙。

$V_{外}=[(20.1+9)\times2\times9-44.82-19.44]\times0.24$

$=110.29$（m³）

（4）外墙饰面砖。

$S_{外}=(20.1+9)\times2\times9-44.82-19.44$

$=459.54$（m²）（$S_{外}=110.29/0.24=459.54$（m²））

（5）砖砌内墙。

$V_{内}=[9\times(4.5-0.12)\times2+4.5\times(4.5-0.12)-7.29]\times0.24$

$=21.9$（m³）

（6）内墙涂料。

$S_{内}=110.29/0.24+21.9/0.24\times2=642.04$（m²）

（7）概算直接工程费。

表三乙 金额单位：元

序号	编制依据	项目名称	单位	数量	主要材料单价	建筑单价		主要材料合价	建筑合价	
						定额基价	其中人工		费用金额	其中人工
	GJ6-8	门 防火门	m²	26.7300		30.67	19.40		820	519
	C09020303	水泥砂浆 1:2	m³	0.0668	259.950			17		
	C09032012	现浇混凝土 C20-20 商品混凝土	m³	0.0535	235.090			13		
	C110505212	成品防火门	m²	25.6608	476.895			12238		
	C11051616	钢门五金、配件防火门	套	13.3650	100.700			1346		

50

序号	编制依据	项目名称	单位	数量	主要材料单价	建筑单价		主要材料合价	建筑合价	
						定额基价	其中人工		费用金额	其中人工
	GJ6-3	窗 铝合金窗	m²	44.8200		57.57	15.08		2580	676
	C11051108	成品铝合金固定窗	m²	17.5694	216.323			3801		
	C11051109	成品铝合金推拉窗	m²	17.5694	235.989			4146		
	C11051110	成品铝合金平开窗	m²	8.7847	235.989			2073		
	C11051111	成品铝合金纱窗	m²	13.1771	98.329			1296		
	C11051651	铝合金窗五金、配件 铝合金固定窗	套	8.9640	16.990			152		
	C11051652	铝合金窗五金、配件 铝合金推拉窗	套	8.9640	18.470			166		
	C11051653	铝合金窗五金、配件 铝合金平开窗	套	4.4820	45.670			205		
	C11051654	铝合金窗五金、配件 铝合金纱窗	套	6.7230	31.280			210		
	GJ5-3	外墙 砖砌体外墙	m³	110.2900		90.83	64.45		10018	7108
	C01020701	铁件钢筋	kg	4.8528	2.872			14		
	C01020702	铁件型钢	kg	19.4110	3.063			59		

序号	编制依据	项目名称	单位	数量	主要材料单价	建筑单价		主要材料合价	建筑合价	
						定额基价	其中人工		费用金额	其中人工
	C01020712	圆钢 $\phi10$ 以内	kg	326.2378	3.925			1280		
	C01020713	圆钢 $\phi10$ 以外	kg	874.7100	3.925			3433		
	C09020114	水泥砂浆 M5	m³	24.3851	162.600			3965		
	C09020304	水泥砂浆 1:2.5	m³	0.1323	243.730			32		
	C09032012	现浇混凝土 C20-20 商品混凝土	m³	0.4522	235.090			106		
	C09032034	现浇混凝土 C25-40 商品混凝土	m³	8.1725	240.030			1962		
	C09050205	白水泥水磨石块窗台板	m²	6.4409	57.436			370		
	C10070101	标准砖 240×115×53	千块	53.3914	315.340			16836		
	GJ5-23	墙体装饰外墙面装饰面砖	m²	459.5400		33.83	25.97		15546	11934
	C09020305	水泥砂浆 1:3	m³	5.7902	230.280			1333		
	C09020401	混合砂浆 1:0.2:2	m³	3.9061	250.640			979		
	C09022101	水泥膏浆 水泥膏	m³	3.0789	603.690			1859		
	C11020123	外墙面砖	m²	499.0604	56.539			28216		

序号	编制依据	项目名称	单位	数量	主要材料单价	建筑单价		主要材料合价	建筑合价	
						定额基价	其中人工		费用金额	其中人工
GJ5-8		内墙砖砌体内墙	m³	21.9000		86.58	64.56		1896	1414
C01020701		铁件钢筋	kg	0.4818	2.872			1		
C01020702		铁件型钢	kg	1.9272	3.063			6		
C01020712		圆钢 ϕ10以内	kg	51.3774	3.925			202		
C01020713		圆钢 ϕ10以外	kg	196.2459	3.925			770		
C09020114		水泥砂浆 M5	m³	4.6822	162.600			761		
C09032034		现浇混凝土 C25-40 商品混凝土	m³	2.4900	240.030			598		
C10070101		标准砖 240×115×53	千块	10.2536	315.340			3233		
GJ5-28		墙体装饰内墙面装饰乳胶漆	m²	642.0400		25.48	11.06		16359	7101
C09020304		水泥砂浆 1:2.5	m³	4.4943	243.730			1095		
C09020305		水泥砂浆 1:3	m³	9.9516	230.280			2292		
C09021701		素水泥浆	m³	0.0642	434.951			28		
C11090106		乳胶漆	kg	173.2224	4.893			848		
		主材费小计						95942		
		小计						95942	47219	28752

第7章　钢筋混凝土结构工程

一、主要内容及适用范围

本章定额包括房屋建筑的框架、梁柱、悬臂板、墙、底板等混凝土结构以及钢筋与铁件等内容。

本章定额适用于建筑物、构筑物的钢筋混凝土框架、梁柱、悬臂板、墙、底板工程（除第9章与第10章构筑物外），以及全站各单位工程钢筋与铁件工程。

管道、室外沟道等混凝土构筑物定额不在本章范围内，执行第9章与第10章相应的定额。

二、与2013年版建筑概算定额主要差异

（一）定额章节子目变化

本章共分3节，13个定额子目，与2013年版建筑概算定额相比删除了12个子目。

（二）定额子目删除的原因

定额中删除了在技术改造项目中不用的12个子目。

（三）定额主要说明

（1）底板工程包括浇制垫层、浇制伸缩缝垫板、安装止水带、浇制底板、填伸缩缝、板端头填素混凝土、预埋铁件等工作内容。

（2）钢筋混凝土墙定额适用于泵房、循环水泵坑水处理建筑等建筑物与构筑物中的钢筋混凝土墙或壁工程。包括浇制钢筋混凝土墙、预埋铁件、安拆脚手架等工作内容。

（3）当直径 $\phi20$ 及以上的钢筋采用螺纹连接时，每个接头另行增加16.5元。

（四）定额主要工程量计算规则

（1）框架双连系梁间的板按照体积计算工程量，并入连系梁体积中。

（2）底板按照底板混凝土体积计算工程量，底板上支墩、设备基础计算体积，并入底板工程量内；混凝土垫层体积不计算工程量。底板上填素混凝土的体积单独计算。

（3）钢筋混凝土墙按照混凝土墙体积计算工程量。混凝土墙与底板以底板顶标高分界，混凝土墙与顶板以顶板底标高分界，墙与板交叉的"三角块"混凝土体积并入墙体中，扣除门窗及单个大于 $1m^2$ 洞口所占的体积。

（4）钢筋按照设计用量与施工措施用量之和计算工程量。不计算施工损耗量。

钢筋连接用量按照设计规定计算。当设计用量不含钢筋连接用量时，钢筋连接用量按照设计用量 4%计算。钢筋采用螺纹连接时，接头数量根据实际用量计算，初步设计阶段螺纹接头参考数量：钢筋混凝土结构建筑物或构筑物工程钢筋用量每吨计算 7 个螺纹接头；其他结构建筑物或构筑物不考虑钢筋螺纹接头。

三、主要说明解释

（1）定额中混凝土施工模板材质综合考虑了钢模板、木模板、复合模板，工程实际采用其他材质模板时不作调整。定额中模板系统满足强度、刚度及表面整洁等质量要求，浇制成形状的混凝土构件能够满足混凝土表观质量要求。混凝土构件定额中包括了为达到使用要求所需表面抹灰与刷涂料的费用。

（2）混凝土构件综合考虑了预制构件与现浇构件及混凝土构件的二次浇制，定额中不包括植筋费用。二次浇制是指预制的框架梁与柱、柱与柱连接时混凝土的浇制，以及叠形梁浇制。

（3）钢筋混凝土工程包括浇制或预制构件、运输及安装构件、浇制或安装梁垫、铁件制作与预埋、接头灌浆、抹灰刷（喷）涂料、刷（喷）水泥浆、外露铁件刷油漆、安装沉降观测装置、安拆脚手架等工作内容。

1）基础梁工程不包括土方施工、回填防冻材料等工作内容，发生时按照相应定额另行计算。

2）悬臂板定额子目适用于混凝土壁上悬挑板、悬挑平台板、大于 1.2m 宽度的雨篷板、宽加高大于 1.05m 挑檐与天沟板工程，包括板底抹灰及刷涂料等工作内容。悬臂板主要是用于半地下建筑零米标高地面悬挑板。

（4）底板工程包括浇制垫层、浇制底板、浇制集水坑、填伸缩缝、板端头填素混凝土、预埋铁件等工作内容。板端头填素混凝土是指底板四周回填的坡形混凝土（包括集水坑底板四周和伸缩缝垫板两侧）。

底板定额适用于除单独编制的构筑物项目以外的现浇混凝土底板工程，如泵房、水处理室等建筑物与构筑物中的地下钢筋混凝土底板或素混凝土底板工程。

（5）钢筋混凝土墙定额适用于泵房、水处理室等建筑物与构筑物中的地下钢筋混凝土墙或壁工程，包括浇制钢筋混凝土墙、预埋铁件、安拆脚手架等工作内容。

（6）钢筋混凝土构件二次灌浆综合在定额中，不单独计算。工程采用高强灌浆料亦不作调整。

（7）定额给出的钢筋参考用量是指完成单位工程量所需钢筋的全部用量。包括结构钢筋、构造钢筋、施工措施钢筋、钢筋连接用量。钢筋连接方式综合了对焊、电弧焊（帮条焊、搭接焊、坡口焊）、点焊、电渣压力焊、冷挤压、绑扎。钢筋制作中考虑了弧形钢筋加工制作。

（8）混凝土工程中包括铁件费用，工程实际用量与定额不同时，不做调整。铁件定额包括制作、安装、刷油漆等工作内容，供独立计算铁件费用时应用。

（9）沉降观测装置是指为了对重要的结构构件实施定期沉降观测所设置的装置，定额中包括了装置及其安装费。

（10）在建筑结构（包括基础、墙、柱、梁、板等）中，电气、通信专业所预埋的管道（含套管、管件）属于安装工程，土建、水工结构专业所预埋的管道（含套管、管件）属于建筑预埋铁件，水工工艺专业所预埋的管道（含套管、管件）属于安装工程。

四、工程量计算规则

（1）钢筋混凝土结构按照钢筋混凝土构件体积计算工程量，应计算柱上牛腿、梁上挑耳体积，不扣除钢筋、铁件、预埋孔等所占体积，梁垫不计算体积。柱高从基础顶标高计算至柱顶，梁高计算至板顶，与柱交叉的梁长度计算至柱内侧。柱间的钢结构支撑按照钢结构定额单独计算，混凝土柱的钢牛腿按照铁件单独计算。

1）基础梁体积不计算基础梁支墩工程量。

2）异形柱体积应计算柱帽体积。

3）环形柱按照钢筋混凝土环形柱实体积计算工程量，不计算空心部分。注意环形柱与基础的划分是空心与实心的交界处，并非零米标高。

4）悬臂板体积应计算悬臂板上的挑檐、挑梁体积。悬臂板宽度按照挑出宽度计算。悬挑宽度大于 1.2m 的雨篷板，其体积按照整个悬挑宽度计算。

（2）底板按照底板混凝土体积计算工程量，计算集水坑混凝土体积。集水坑壁、底板上支墩的混凝土体积一并计算在底板中。不计算混凝土垫层、伸缩缝垫板、板端填素混凝土体积工程量。

底板上的设备基础单独计算，执行其他设备基础定额。

（3）钢筋混凝土墙分墙厚按照混凝土墙体积计算工程量。混凝土墙与底板以底板顶标高分界，混凝土墙与顶板以顶板底标高分界，墙与板交叉的"三角块"混凝土体积并入墙体中，扣除门窗及大于 $1m^2$ 洞口所占体积。

（4）钢筋用量按照单位工程进行计算。工程钢筋用量由结构钢筋、构造钢筋、施工措施钢筋、钢筋连接用量组成。

1）结构钢筋与构造钢筋按照设计用量计算。设计钢筋用量不含钢筋连接用量时，钢筋连接用量按照设计用量 4% 计算。

2）施工措施钢筋（指正常施工条件下所需的 S 钢筋、马凳钢筋、拉结钢筋等）建筑物按照单位工程钢筋设计用量与连接用量之和的 0.5% 计算，构筑物按照单位工程钢筋设计用量与连接用量之和的 2% 计算。

3）钢筋加工损耗量属于材料损耗量，综合在定额消耗量中，不单独计算。

4）计算钢筋设计用量时，不计算预埋在柱或门框中的墙体拉结钢筋重量，不计算预埋在楼板中的吊顶拉结钢筋重量。

（5）第二章部分定额子目、第三章定额子目、第五章定额子目、第十章定额子目包括钢筋费用，其钢筋用量不再单独计算。钢筋用量包括结构钢筋、构造钢筋、施工措施钢筋、钢筋连接、钢筋加工损耗等用量，工程实际用量与定额不同时，不做调整。

五、工程案例

案例 7-1 附录 1 是某 110kV 变电站综合楼建筑工程图，板厚 120mm，计算其钢筋混凝土结构工程（不包括钢筋）的概算直接工程费。

解：（1）基础梁。

$V = 0.25 \times 0.3 \times [(20.1 + 9) \times 2 - 10 \times 2.1 - 2 \times 2.4]$
$= 2.43 \ (\text{m}^3)$

（2）框架结构。

$V_{KZ1} = 0.35 \times 0.5 \times (9 + 1.5) \times 12 = 22.05 \ (\text{m}^3)$

$V_{KL} = 0.3 \times 0.65 \times [(20.34 - 6 \times 0.35) \times 2 + (9.24 - 0.5 \times 2) \times 4] + 0.25 \times 0.75 \times (20.34 - 6 \times 0.35 + 9.24 -$

$$0.5\times 2)\times 2$$

$$=13.54+9.93=23.47（m^3）$$

框架结构合计

$$V=23.47+22.05=45.52（m^3）$$

（3）概算直接工程费。

表三乙 　　　　　　　　　　　　　　　　　　　　金额单位：元

序号	编制依据	项目名称	单位	数量	主要材料单价	建筑单价		主要材料合价	建筑合价	
						定额基价	其中人工		费用金额	其中人工
	GJ7-1	钢筋混凝土基础梁	m³	2.4300		242.37	152.88		589	371
	C01020701	铁件钢筋	kg	2.1384	2.872			6		
	C01020702	铁件型钢	kg	8.5536	3.063			26		
	C01020712	圆钢 ϕ10以内	kg	106.8277	3.925			419		
	C01020713	圆钢 ϕ10以外	kg	337.1406	3.925			1323		
	C09032034	现浇混凝土C25-40商品混凝土	m³	2.4788	240.030			595		
	C09032037	现浇混凝土 C40-40商品混凝土	m³	0.0221	296.050			7		
	GJ7-2	钢筋混凝土框架	m³	45.5200		357.25	197.65		16262	8997
	C01020701	铁件钢筋	kg	40.0576	2.872			115		
	C01020702	铁件型钢	kg	160.2304	3.063			491		
	C01020712	圆钢 ϕ10以内	kg	2651.1758	3.925			10406		
	C01020713	圆钢 ϕ10以外	kg	7642.3528	3.925			29996		

序号	编制依据	项目名称	单位	数量	主要材料单价	建筑单价		主要材料合价	建筑合价	
						定额基价	其中人工		费用金额	其中人工
	C09020304	水泥砂浆 1:2.5	m³	0.6600	243.730			161		
	C09020305	水泥砂浆 1:3	m³	1.0014	230.280			231		
	C09021701	素水泥浆	m³	0.1593	434.951			69		
	C09032034	现浇混凝土 C25-40	m³	25.2636	240.030			6064		
	C09032037	现浇混凝土 C40-40 商品混凝土	m³	20.6706	296.050			6120		
		主材费小计						56029		
		小计						56029	16851	9369

第8章 钢结构工程

一、主要内容及适用范围

本章定额包括建筑物钢结构以及钢结构防火、加强防腐、热喷锌、镀锌等内容。

定额中钢结构是指承受结构荷载的钢柱、钢梁、钢屋架、钢支撑等，其他钢结构是指钢平台、钢栏杆、钢梯子、钢盖板、单轨吊车梁、设备支架（非开关场设备）等。

本章定额适用于建筑物、构筑物的钢结构工程（除第9章与第10章构筑物外）。

二、与2013年版建筑概算定额主要差异

（一）定额章节子目变化

本章共分3节，11个定额子目，与2013年版建筑概算定额相比删除了13个子目。

（二）定额子目删除的原因

定额中删除了在技术改造项目中不用的13个子目。

（三）定额主要说明

（1）明确钢结构现场除锈综合考虑了手工除锈、机械除锈、酸洗除锈、喷砂除锈等工艺方法，执行定额时不做调整。购置成品的钢结构应满足除锈级别，除锈的费用综合在成品钢结构的单价中。

（2）钢结构镀锌定额包括单程30km的双程运输，当运输距离单程超过30km时，按照公路货运标准计算运输费用。

（四）定额主要工程量计算规则

（1）钢结构按照钢结构构件成品重量计算工程量，应计算连接、组装所用连接件及螺栓的重量，不计算损耗量（包括钢结构下料剪切或切割损耗量、切边与切角及形孔的损耗量）。钢结构安装所用的螺栓不计算重量。

1）钢结构屋架重量应计算屋架上下弦支撑、系杆的重量。

2）钢结构柱重量应计算柱头、柱脚、牛腿的重量。

（2）钢结构刷涂料按照钢结构构件成品重量计算。由于钢结构构件表面积的差异，计算其他钢结构刷防火涂料、防腐涂料、喷锌、镀锌重量时，按照其他钢结构的重量乘以系数 1.35。

三、主要说明解释

（1）钢结构构件连接综合考虑了焊接与螺栓连接，不考虑铆接、挤压连接方式。

（2）钢结构工程包括钢结构构件制作、购置、连接、组装、拼装、运输、安装、除锈、刷油漆、喷锌、安装后补刷油漆或喷锌、安装沉降观测装置、安拆脚手架等工作内容。

钢结构构件连接螺栓为成品购置。

（3）沉降观测装置是指为了对重要的结构构件实施定期沉降观测所设置的装置，定额中包括了装置及其安装费。

（4）钢结构防火、加强防腐、喷锌、镀锌工程包括底面处理、刷喷面层等工作内容。

钢结构防火、加强防腐、喷锌、镀锌定额考虑了钢结构中含有的刷油漆工程量，执行定额时不做调整。

（5）现场加工的钢结构除锈系根据设计要求，结合施工规范标准，综合考虑了手工除锈、机械除锈、喷砂除锈、酸洗除锈工艺方法，除锈等级为 S_{a2} 标准,执行定额时不做调整。购置成品钢结构的除锈等级为 $S_{a2.5}$ 标准。

（6）钢结构刷防火涂料是按照满足二级耐火等级建筑物标准考虑的，综合了不同的施工方法与喷刷遍数，执行定额时不做调整。钢结构防火等级是按照电力工程防火标准等级综合考虑的。

（7）钢结构刷油漆综合考虑了不同的油漆材质、施工方法与喷刷遍数，室内钢结构防腐的漆膜厚度按照 120μm 考虑，室外钢结构防腐的漆膜厚度按照 150μm 考虑，除海边及重度污染腐蚀地区外，执行定额时不调整油漆费用。

（8）钢结构镀锌定额包括单程 30km 的双程运输，当运输距离单程超出 30km 时，镀锌钢结构构件按照成品购置考虑。钢结构镀锌定额是按照钢结构加工制作后再镀锌考虑的。

四、工程量计算规则

（1）钢结构按照钢结构构件成品重量计算工程量，应计算连接、组装所用连接件及螺栓的重量，不计算损耗量（包括钢结构下料剪切或切割损耗量、切边与切角及形孔的损耗量）。钢结构安装所用的螺栓不计算重量。

1）钢结构屋架重量应计算屋架上下弦支撑、系杆的重量。

2）钢结构柱重量应计算柱头、柱脚、牛腿的重量。

（2）安装螺栓是指钢结构构件间连接用的螺栓，如钢柱与钢梁连接螺栓、钢平台与钢楼梯连接螺栓。安装用的螺栓不计算重量。

（3）钢结构刷涂料（油漆）按照钢结构构件成品重量计算。由于钢结构构件表面积的差异，计算其他钢结构刷防火涂料、防腐油漆、喷锌、镀锌重量时，按照其他钢结构的重量乘以系数 1.35。

计算钢结构刷涂料（油漆）的重量时，应注意是被刷钢结构的重量，并非所用涂料（油漆）的重量。

五、工程案例

案例 8-1 某车棚设 10 根钢管柱如图 8-1 示，计算钢管柱概算直接工程费。（方形底板、顶板：$\delta = 8$，62.8kg/m^2；加强板 $\delta = 6$，47.1kg/m^2；钢管：DN300-ϕ4mm，10.26kg/m。）

解：（1）钢管柱概算工程量。

方形底板和顶板（$\delta = 8$）：

$$0.3 \times 0.3 \times 2 \times 10 \times 62.8 = 113.04（kg）$$

加强板（$\delta = 6$）：

［1/2（0.03＋0.8）×0.1＋0.08×0.08］×2×4×10×47.1
＝44.84（kg）

钢管：

（3.20－0.008×2）×10×10.26＝326.678（kg）

合计：

113.04＋44.84＋326.678＝484.558（kg）＝0.485（t）

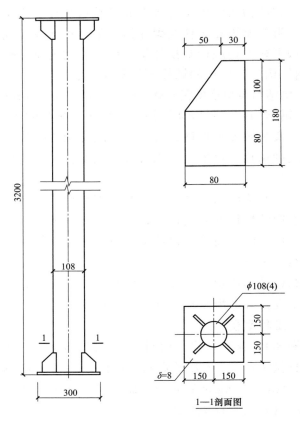

图 8-1 钢管柱

（2）钢管柱概算直接工程费。

金额单位：元

序号	编制依据	项目名称	单位	数量	主要材料单价	建筑单价		主要材料合价	建筑合价	
						定额基价	其中人工		费用金额	其中人工
	GJ8-2	建筑物钢结构钢柱	t	0.4850		2706.53	715.15		1313	347
	C01020216	槽钢16号以下	kg	0.0388	3.925					
	C01020303	等边角钢边长63以下	kg	1.4550	3.829			6		
	C01030204	中厚钢板12～20	kg	510.2200	4.212			2149		
		主材费小计						2155		
		小计						2155	1313	347

65

第9章 构筑物工程

一、主要内容及适用范围

本章定额包括变配电构支架、避雷针塔等内容。

本章定额是以主要构筑物的混凝土结构为主体进行编制的，非本章列举的构筑物不能执行本章定额。本章定额中除含土方基础构支架、避雷针塔工程子目外，均不包括的土方工程、金属结构工程、地基处理工程等执行相应章节定额。

二、与 2013 年版建筑概算定额主要差异

（一）定额章节子目变化

本章共分 1 节，25 个定额子目，与 2013 年版建筑概算定额相比删除 151 个子目。

（二）定额子目删除的原因

定额中删除了在技术改造项目中不用的 151 个子目。

三、主要说明解释

（1）含土方基础构支架与避雷针塔定额为综合定额，定额中包括土方、铁件、钢筋费用。

（2）本章定额不包括土方的工程项目，其费用执行第 1 章相应定额另行计算；本章定额不包括钢筋的工程项目，其费用执行第 7 章钢筋定额另行计算。

（3）变、配电构支架定额适用于不同电压等级、不同高度、不同组合形式的室内外变、配电构支架工程。定额中包括离心杆、钢管、型钢、格构式钢管构支架以及构支架梁、构支架附件、避雷针塔的成品购置费，成品购置包括连接件、螺栓、法兰等。构支架附件是指钢爬梯、避雷针、走道板、操作平台、地线支架、连接到设备支架间型钢等。钢结构构件按照现场组装、拼装后安装、安装后局部补锌考虑。

1）含土方基础构支架工程包括土方施工、浇制杯型基

础、预埋法兰、预埋铁件、制作安装杯芯支撑、基础内钢管灌混凝土、基础二次灌浆、基础抹面、浇制混凝土保护帽、构支架制作安装、柱头与连接铁件安装、安拆脚手架等工作内容。

2）不含土方基础构支架工程包括构支架制作安装、柱头与连接铁件安装、浇制混凝土保护帽、基础内钢管灌混凝土、基础二次灌浆等工作内容。

3）避雷针塔工程包括土方施工、浇制独立基础、预埋铁件、二次灌浆、基础抹面、浇制混凝土保护帽、避雷针塔组装与安装、安拆脚手架等工作内容。

4）为了适应变电工程与换流站工程施工管理的需要，构支架工程编制了两套定额。含土方基础的定额为构支架的整体综合定额，含土方基础的定额基础埋深大于 2.2m 时，以执行不含土方基础的构支架定额较为适宜。不含土方基础的定额为构支架的分部综合定额，构支架的土方与基础分别执行第 1 章与第 2 章的相应定额。构支架定额不分高度与组合形式，按照材质执行定额。

四、工程量计算规则

（1）钢筋混凝土构支架按照构支架的体积计算工程量。现浇结构构支架与基础以零米分界，构支架上的牛腿、横梁等计算工程量，并入构支架体积中；预制结构构支架按照预制混凝土体积计算工程量，不计算构支架制作、运输、安装损耗量。

（2）离心杆构支架按照离心杆的外形（包括插入基础部分）体积计算工程量。离心杆构支架中的铁件、连接件、螺栓不单独计算。

（3）钢管构支架按照重量计算工程量，计算钢管构支架中的铁件、连接件、螺栓、法兰、预埋 U 型螺栓等重量。

（4）型钢构支架按照重量计算工程量，计算型钢构支中的铁件、连接件、螺栓、法兰、预埋 U 型螺栓等重量。

（5）格构式钢管构支架按照钢管重量计算工程量，计算格构式钢管构支架中的铁件、连接件、螺栓、法兰、预埋 U型螺栓等重量。

（6）构架梁根据材质按照重量计算工程量。应计算铁件、连接件、螺栓等重量。

（7）构支架钢结构附件按照附件的重量计算工程量。应计算铁件、连接件、螺栓等重量。

（8）避雷针塔按照钢结构的重量计算工程量，避雷针塔中的铁件、连接件、螺栓、预埋 U 型螺栓等计算重量。

五、工程案例

案例 9-1 如图 9-1 所示是 500kV 变电站的 500kV 构架轴测图及构架材料表，请计算该图构架相关概算直接工程费（含土方、基础）。

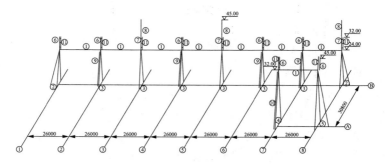

图 9-1　500kV 构架轴测图

解：（1）钢管构架。

9714×2＋6620×6＋12505＋18390＝90.043（t）

（2）钢管构架梁。

6450×8＝51.600（t）

（3）附件。

地线柱：$788×7+920×3=8.276$（t）

避雷针：$695×3=2.085$（t）

爬梯：$292×4+440+96×10=2.568$（t）

重量合计：$8.276t+2.085t+2.568t=12.929$（t）

（4）概算直接工程费。

金额单位：元

序号	编制依据	项目名称	单位	数量	主要材料单价	建筑单价		主要材料合价	建筑合价	
						定额基价	其中人工		费用金额	其中人工
	GJ9-3	含土方、基础、构架钢管构架	t	90.0430		1955.86	865.88		176112	77966
	C01020712	圆钢 ϕ10 以内	kg	6429.0702	3.925			25234		
	C01020713	圆钢 ϕ10 以外	kg	27916.0313	3.925			109570		
	C09032012	现浇混凝土C20-20 商品混凝土	m³	6.8163	235.090			1602		
	C09032031	现浇混凝土C10-40 商品混凝土	m³	32.0013	208.720			6679		
	C09032034	现浇混凝土C25-40 商品混凝土	m³	462.8030	240.030			111087		
	C16110101	镀锌钢管构架	t	90.1330	7370.940			664365		
	GJ9-22	钢梁、构支架附件与避雷针塔 钢管构架梁	t	51.6000		1112.98	157.49		57430	8126
	C16110101	镀锌钢管构架	t	51.6516	7370.940			380721		
	GJ9-23	钢梁、构支架附件与避雷针塔 构支架钢结构附件	t	12.9290		482.02	77.51		6232	1002

69

序号	编制依据	项目名称	单位	数量	主要材料单价	建筑单价		主要材料合价	建筑合价	
						定额基价	其中人工		费用金额	其中人工
	C01020148	构支架附件（成品）	t	12.9419	6222.222			80527		
		主材费小计						1379786		
		小计						1379786	239773	87095

第 10 章 站区性建筑工程

一、主要内容及适用范围

本章主要内容为站区建筑工程定额。

本章适用于站区道路与地坪、围墙与大门、支架与支墩、沟（管）道与隧道、井池工程。

本章定额是以站区性构筑物工程为主体进行编制的，非本章列举的项目不能执行本章定额。本章定额不包括地基处理。

二、与 2013 年版建筑概算定额主要差异

（一）定额章节子目变化

本章共分 4 节，49 个定额子目，与 2013 年版建筑概算定额相比删除 26 个子目。

（二）定额子目删除的原因

定额中删除了在技术改造项目中不用的 26 个子目。

（三）定额主要说明

（1）道路定额是按照设置路缘石考虑的，当道路无路缘石时，每立方米道路单价中核减 20 元；当道路路缘石采用花岗岩条石时，每立方米道路单价中增加 30 元。

（2）防水、防腐定额适用于室内外基础、沟道、池井、墙、地面、底板等项目的防水、防腐工程。

三、主要说明解释

（一）本章定额中均包括土方施工。当工程发生石方施工时，相应的定额人工费增加 25%。

站区性构筑物的土方是按照人工施工考虑的，当工程发生石方施工时，要调增人工费。为了计算方便，调增的人工费以定额人工费为基数进行调增。

（二）道路与地坪工程

（1）道路与地坪工程包括路床土方开挖、土方外运、碾

压试验、铺设基层、铺设垫层、安砌路缘石、铺设面层、浇制护脚、填伸缩缝、浇制或砌筑路面上雨水口、安装雨水箅子、石灰消解等工作内容，不包括弹软土地基处理，发生时按照地基处理定额另行计算。

（2）设备绝缘地坪工程包括铺设绝缘材料工作内容。

（3）道路与地坪为综合定额，除路缘石外，不因路面结构与施工方法的差异而调整。站区外的道路可以参照执行本定额子目。但是，需要注意站区外道路的场地平整（竖向布置）、路肩、排水沟、桥涵、施工措施等费用的发生。

（4）道路、地坪定额综合考虑了面层、垫层、基层不同厚度，执行定额时不因各层厚度差异而调整。当工程实际厚度大于 1.0m 时，超出部分根据最底层材质按照地基处理换填定额执行。

（三）围墙与大门工程

（1）围墙工程包括基础土方施工、砌筑基础、浇制或预制钢筋混凝土基础梁、砌筑围墙与围墙柱、围墙抹灰（含压顶抹灰）、刷涂料、安装泄水孔、填伸缩缝、钢围栅与围栅柱制作及安装、金属构件运输及刷油、安拆脚手架等工作内容。砖围墙装饰是按照抹砂浆后刷涂料考虑的，当采用其他装饰面层时，可参照墙体装饰定额调整。围墙中不包括门柱，门柱的工程量包含在大门中。

（2）砌石墙工程包括块石打荒、勾缝等工作内容。

（3）安装铁丝网工程包括金属支柱制作与安装及刷油、安装铁丝网等工作内容。

（4）基础埋深每增减 30cm 定额包括基础土方开挖、夯填及运输、砌筑基础等工作内容。

（5）大门工程包括门柱基础土方施工、砌筑基础、砌筑门柱、砌筑伸缩门墙、配合预埋电线管、门柱与伸缩墙抹灰装饰、大门轨道制作与安装、大门制作与安装、电动大门购置、安装与调试、金属构件运输及刷油、安拆脚手架等工作内容。

（6）防火墙工程包括防火墙土方施工、浇制垫层、浇制或砌筑基础、浇制防火墙、砌筑防火墙、浇制防火墙框架、预制与安装防火墙板、预埋铁件、抹灰、刷涂料、安拆脚手架等工作内容。

（7）围墙、大门、防火墙定额均为综合定额。自动伸缩门的单价不同时，可以按照价差处理。

（8）无基础围墙是指建在挡土墙、护岸等上面的围墙。

（四）沟（管）道与隧道工程

（1）沟道与隧道工程包括土方施工、铺设垫层，浇制隧道、浇制沟道、浇制支墩、砌筑沟道、砌筑支墩、浇制混凝土压顶、填伸缩缝、浇制排水坑、砌筑排水坑、抹排水坡、沟盖板制作与安装、盖板角钢框制作与安装、电缆槽沟制作与安装、沟壁与底板抹防水砂浆、加浆勾缝、外壁涂热沥青、预埋铁件、安拆脚手架等工作内容。定额综合了沟道与隧道的断面尺寸、埋深、壁厚，执行定额时不做调整。外购成品沟盖板增加的费用按照价差处理。

（2）定额中沟盖板是按照施工现场内预制考虑的，当采用外购成品沟盖板时，每立方米沟道按照含 295 元沟盖板费用计算价差。295 元沟盖板费用中包括沟盖板预制、运输1km、沟盖板角钢框制作与安装、沟盖板抹平压光、沟盖板制作与运输及安装的损耗。

（3）沟道与隧道由于排水要求需要在底板上找坡。建筑找坡不单独计算费用，也不扣除找坡所占的断面面积。结构找坡需要计算费用，将结构找坡的断面面积并入沟道净断面面积中，计算沟道体积。

（4）沟道定额综合考虑了地下埋入式和地面漏出式两种布置形式。不因沟道挖土深度、覆土厚度、沟盖板安装形式、盖板防水做法而调整。

（5）预制沟盖板中考虑了角钢框。角钢框需要镀锌时，参照钢结构镀锌定额计算费用。

（6）室外管道工程包括管沟土方施工、铺设垫层、浇制基础、管道加工、成品购置、管道与管件安装、阀门与补偿器（伸缩节）安装、支架制作与安装、保温油漆、防腐保护、冲洗与水压试验、安拆脚手架等工作内容。定额综合了全站管道直径、埋深、压力。当工程管道实际埋深大于 5m 时，大于 5m 埋深部分管道按照预算定额计算土方增加开挖与回填费用，每米管道工程相应扣减 5m³ 土方开挖与回填工程量。

（7）室外管道定额为综合定额，适用于室外生活给水、生活排水、消防水、雨水、采暖管道的建筑与安装。

（8）室外给水、排水管道定额中不包括水表、压力表、流量计等费用，需要时单独计算其材料费与安装费，并入室外给水、排水管道费用中。

（9）防水、防腐工程包括清理底层、抹找平层、抹（涂）面层、贴砌块料面层、铺设附加层、接缝与收头、安拆脚手架等工作内容。

（10）防水、防腐定额主要适用于基础、地面、楼面、沟道、井池等工程的内外防水或防腐。

（五）井、池工程

（1）井、池工程包括土方施工、浇制混凝土垫层与底板、砌筑井或池、浇制井或池（包括池底、池壁、支柱、顶板）、内壁抹防水砂浆、外壁刷热沥青、浇制混凝土顶板、预制顶板制作与运输及安装、安装铸铁盖板、制作与安装保温盖板、爬梯制作与安装、预埋铁件、回填砂砾石、搭拆脚手架等工作内容。

（2）井、池定额为综合定额，定额已经综合考虑了井池的断面尺寸、埋深、壁厚、覆盖土厚度，执行定额时不做调整。当井池顶面要求做保温层或做硬覆盖时，其费用单独计算。

四、工程量计算规则

（一）道路与地坪工程

（1）道路按照道路、地坪体积计算工程量。体积＝面积×厚度，厚度为基层、垫层、面层三层厚度之和；面积按照水平投影面积计算，有路缘石的道路按照路缘石内侧面积计算体积。计算体积时，不扣除路面上雨水口所占的体积，其费用不单独计算。

（2）地下给水、排水、消防水、雨水管线等布置在道路下面时，路面需要设置的各种井按照净空体积另行计算。计算道路工程量时，不扣除井所占的工程量，路面由此增加的工作量亦不单独计算。

（3）预制块路面、设备绝缘地坪按照面积计算工程量。计算面积时，不扣除 $0.5m^2$ 以内设备所占的面积。当预制块路面、地坪厚度不同时，不做调整。

（二）围墙与大门工程

（1）围墙按照围墙面积计算工程量。围墙长度按照墙体中心线长度计算，不扣除围墙柱、伸缩缝等所占的长度，扣除大门与边门及大门柱所占的长度；围墙高度从室外地坪标高计算至围墙顶标高（不包括压顶抹灰高度）。

（2）围墙厚度不同时可以调整。砖围墙定额按照 240mm 厚编制，370mm 厚砖围墙定额调整系数 1.34，180mm 厚砖围墙定额调整系数 0.84。石墙定额按照 350mm 厚编制，石墙厚度每增加 50mm 定额调增系数 0.115，石墙厚度每减少50mm 定额调减系数 0.115。

（3）铁丝网按照面积计算工程量，长度按照围墙长度计算，铁丝网高度从墙顶计算至金属柱顶。

（4）围墙基础是按照 1.5m 埋深（室外整平标高至基础

底标高）考虑的，基础埋深每增减 30cm 定额按照围墙长度计算工程量。基础埋深每增减 30cm 为一个调整深度，基础埋深增减余量不足 30cm 但大于或等于 10cm 的计算一个调整深度。

（5）大门按照大门面积计算工程量，应计算边门面积。

（6）防火墙按照防火墙体积计算工程量，防火墙高度从室外地坪标高计算至防火墙顶标高（不含抹灰厚度），基础不计算工程量。

（7）防火墙的基础埋深不做调整。

（三）沟（管）道与隧道工程

（1）沟（隧）道按照沟（隧）道净空体积（容积）计算工程量，净空体积＝沟（隧）道净断面面积×沟（隧）道长度。沟（隧）道长度按照净空长度计算，扣除各种井所占的长度，各种井按照井池定额另行计算，不扣除沟（隧）道与道路、沟（隧）道与沟道的交叉长度，站区沟（隧）道与房屋内的沟（隧）道以建筑物或构筑物外墙外 1m 处分界。

（2）电缆槽沟长度按照电缆槽沟铺设长度计算。

（3）室外采暖管道、生活给水钢管道、室外消防水管道按照管道的重量计算工程量，应计算管件、阀门、法兰、补偿器、室外消火栓、支架等重量。站区管道与房屋内的管道以房屋外墙轴线外 1m 处分界；直埋管道与沟道内管道以沟道外壁分界。

（4）室外生活给水 PVC 管道按照单根管道敷设长度计算工程量，不扣除阀门井、检查井等所占的长度，阀门井与检查井按照井池定额另行计算。站区管道与房屋内的管道以房屋外墙轴线外 1m 处分界。

（5）室外排水、雨水管道按照单根管道敷设长度计算工程量，不扣除阀门井、检查井等所占的长度，阀门井与检查井按照井池定额另行计算，站区排水管道与房屋内的排水管道以房屋外墙轴线外 1m 处分界。

（6）防水、防腐按照防水、防腐面积计算工程量，扣除大于 1m² 的孔洞或设备基础等所占的面积，附加层、接缝、收头等不单独计算。

（7）按照长度计算的管道，不单独计算管件、阀门、法兰、补偿器费用。

（8）室外排水管道直径大于 1m 时，执行供水管道相应定额。

（四）井、池工程

（1）井、池按照井、池净空体积（容积）计算工程量，不扣除井或池内设备、支墩、支柱、管道等所占体积。

（2）在定额子目容积区间以外的井、池可以采用插入法计算定额单价。

（3）当井、池内设有隔墙或消能墙时，其体积不扣除，费用亦不增加。

五、工程案例

案例 10-1 某变电站砖砌围墙见图 10-1，采用毛石基础，埋深 650mm，大门为电动伸缩门（高 1.6m），计算围墙及大门的概算直接工程费。

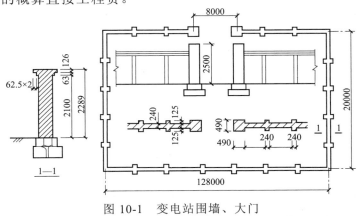

图 10-1 变电站围墙、大门

解：（1）砖砌围墙。

概算工程量：

$$S = 2.289 \times [(128 + 20) \times 2 - (8 + 0.49)] = 658.11\,(\text{m}^2)$$

埋深不足 1.5m，需调整（1.5－0.65）＝0.85m

需减少 3 个调整深度。

围墙长度＝287.51m

（2）大门为电动伸缩门。

概算工程量：

$$S = 1.6 \times (8 - 0.49) = 12.02\,(\text{m}^2)$$

（3）直接工程费。

表三乙 金额单位：元

序号	编制依据	项目名称	单位	数量	主要材料单价	建筑单价 定额基价	建筑单价 其中人工	主要材料合价	建筑合价 费用金额	建筑合价 其中人工
	GJ10-10	围墙 砖围墙	m²	658.1100		92.30	54.16		60744	35643
	C01020701	铁件钢筋	kg	144.7842	2.872			416		
	C01020702	铁件型钢	kg	579.1368	3.063			1774		
	C01020712	圆钢 $\phi10$ 以内	kg	671.2722	3.925			2635		
	C01020713	圆钢 $\phi10$ 以外	kg	2711.4132	3.925			10642		
	C09010101	普通硅酸盐水泥 32.5	t	2.1718	306.325			665		
	C09020114	水泥砂浆 M5	m³	63.2444	162.600			10284		
	C09020304	水泥砂浆 1:2.5	m³	10.7930	243.730			2631		
	C09020305	水泥砂浆 1:3	m³	24.9424	230.280			5744		
	C09032034	现浇混凝土 C25-40 商品混凝土	m³	21.9151	240.030			5260		

序号	编制依据	项目名称	单位	数量	主要材料单价	建筑单价 定额基价	建筑单价 其中人工	主要材料合价	建筑合价 费用金额	建筑合价 其中人工
	C10020301	毛石 70～190	m³	66.4691	67.744			4503		
	C10070101	标准砖 240×115×53	千块	87.5286	315.340			27601		
	调 GJ10-19 ×（-3）	围墙条形基础埋深每增减 30cm	m	287.5100		-47.94	-46.65		-13783	-13412
	C09020114	水泥砂浆 M5	m³	-60.9809	162.600			-9915		
	C10020301	毛石 70～190	m³	-174.2311	67.744			-11803		
	GJ10-22	围墙大门电动自动伸缩门	m²	12.0200		218.28	130.53		2624	1569
	C01010202	钢轨 6kg/m	m	19.4724	26.995			526		
	C01020125	钢梁（成品）	t	0.1815	6241.368			1133		
	C01020216	槽钢 16号以下	kg	0.0144	3.925			0		
	C01020701	铁件钢筋	kg	13.2220	2.872			38		
	C01020702	铁件型钢	kg	52.8880	3.063			162		
	C01020712	圆钢 φ10以内	kg	14.7125	3.925			58		
	C09010201	白水泥	t	0.0036	627.966			2		
	C09020114	水泥砂浆 M5	m³	1.1287	162.600			184		
	C09020303	水泥砂浆 1:2	m³	0.1298	259.950			34		
	C09021701	素水泥浆	m³	0.0349	434.951			15		

序号	编制依据	项目名称	单位	数量	主要材料单价	建筑单价		主要材料合价	建筑合价	
						定额基价	其中人工		费用金额	其中人工
	C09032034	现浇混凝土C25-40	m³	1.6984	240.030			408		
	C10010101	中砂	m³	2.2177	61.437			136		
	C10020301	毛石 70～190	m³	1.3486	67.744			91		
	C10030201	花岗岩板20	m²	18.0012	229.744			4136		
	C10070101	标准砖240×115×53	千块	1.4833	315.340			468		
	C11050201	不锈钢电动伸缩门0.9m	m	11.7796	845.627			9961		
	C11050211	不锈钢电动伸缩门自动装置	套	0.8414	3815.156			3210		
		主材费小计						70997		
		小计						70997	49584	23800

第11章 室内给水、排水、采暖、通风、空调、建（构）筑物照明、防雷接地、特殊消防工程

一、主要内容及适用范围

本章定额包括室内给水、排水、采暖、通风空调、建（构）筑物照明与防雷接地、特殊消防安装等内容。

本章定额适用于建筑物、构筑物室内给排水（含常规水消防）、采暖、通风空调、除尘以及建（构）筑物照明与防雷接地、特殊消防工程。室外消防管道工程执行第 10 章沟管道定额。

二、与 2013 年版建筑概算定额主要差异

（一）定额章节子目变化

本章共分 5 节，25 个定额子目，与 2013 年版建筑概算定额相比删除了 131 个子目。

（二）定额子目删除的原因

定额中删除了在技术改造项目中不用的 131 个子目。

（三）定额主要说明

（1）本章定额适用于建筑物、构筑物室内给排水（含常规水消防）、采暖、通风空调、除尘以及建（构）筑物照明与防雷接地、特殊消防工程。

（2）照明与防雷接地工程中，联闪控制器、镇流器、电气仪表、接线盒、开关、灯具、航空灯、插座等定义为材料；照明配电箱（含降压照明箱、事故照明箱）、配电盘、配电柜定义为设备，其安装费包含在照明与防雷接地定额中。

（3）特殊消防根据工程建设规模执行定额。变电站、换流站变压器消防中包括站用变压器消防。

（4）变电工程特殊消防是按照 500kV 电压等级安装一台三相一体变压器编制的，其他电压等级变电工程特殊消防按

照表 11-1 系数计算,同一电压等级不同变压器容量的特殊消防不做调整。

表 11-1　变电工程特殊消防设备费及特殊消防定额调整系数表

序号	电压等级（kV）	主控室	一台变压器（三相一体）	一组变压器（三台单相）	两台（组）变压器	全站移动消防设备
1	1000	1.65		3.5	2.8	1.65
2	750	1.25		2.7	2.2	1.25
3	500	1	1	2.2	1.8	1
4	330	0.85	0.7		1.3	0.85
5	220	0.65	0.35		0.6	0.65
6	110	0.5	0.3		0.5	0.5
7	66	0.4	0.2		0.35	0.4
8	35	0.35	0.15		0.25	0.35

（5）换流站工程特殊消防是按照直流额定电压±500kV编制的,其他直流换流站工程按照表 11-2 调整系数计算。

表 11-2　换流站工程特殊消防设备费及特殊消防定额调整系数表

序号	额定电压等级（kV）	控制楼与阀厅	换流变压器	全站移动消防设备
1	±800	1.65	2	1.65
2	±660	1.25	1.6	1.25
3	±500	1	1	1
4	±400	0.8	0.7	0.8

（6）防雷接地工程包括避雷针（网）制作与安装、引下线敷设、接地极安装、接地电阻测试、安拆脚手架等工作内容。防雷接地工程费用合并在照明工程费用中,定额没有单独设置子目。当工程需要单独计算防雷接地费用时,可按照照明与防雷接地费用 10%计算。

（7）定额中未考虑施工安装与生产运行相互交叉因素，单位工程发生时按照相应的定额人工费增加 10%。定额已经考虑建筑与安装施工交叉的因素。

（四）定额主要工程量计算规则

特殊消防工程根据项目建设规模按照套数计算工程量，同期建设项目为 1 套。

三、主要说明解释

（1）室内给水、排水、采暖、通风空调、建（构）筑物照明与防雷接地、特殊消防工程属于安装类工程。根据电力工程项目划分，其费用性质属于建筑工程费。因此，通常将此类工程称为"建筑安装"。

单位工程是否计算给水、排水、采暖、通风空调、照明与防雷接地工程费用，应根据工程设计标准确定，当工程建设需要时执行定额标准计算费用。

（2）室内给水、排水、采暖、通风空调、除尘、建（构）筑物照明与防雷接地工程按照单位工程执行定额。定额中未列举名称的单位工程根据建筑物的作用和层数分别按照生产类多层建筑、生产类单层建筑、生活类多层建筑、生活类单层建筑执行定额。

1）在减少占地、建筑物集中联合布置的情况下，很难严格区别生产与生活、多层与单层建筑，执行定额时要把握原则，灵活处理。需要注意：不是所有的建筑均需要安装给排水、采暖、通风空调设施，根据需要执行定额。

2）本定额生产类单层、多层建筑和生活类单层、多层建筑均按照配电室子目套用。

（3）定额中包括采暖、通风空调工程设备的安装费与单体调试费，未包括设备购置费。定额中安装材料的规格与消耗量是综合考虑的，工程实际与其不同时，不做调整。建筑工程设备与材料划分如下：

1）给水、排水（含常规水消防）工程中，水表、流量计、压力表、疏水器、阀门、卫生器具、室内消火栓、水泵接合器、生活消防水箱等定义为材料；水泵、稳压器、水处理装置、水净化装置定义为设备，其安装费参照有关定额单独计算。

2）采暖工程中，散热器、疏水器、蒸汽分汽缸、集器罐、伸缩节、流量计、温度计、压力表、阀门等定义为材料；电暖气、电热水器、暖风机、热风幕、热交换器、热网水泵等定义为设备，其安装费包含在采暖定额中。

3）通风空调工程中，通风阀、百叶孔、方圆节、风道定义为材料；制冷机、冷却塔、空调机、风机盘管、轴流风机、消声装置、屋顶通风器等定义为设备，其安装费包含在通风空调定额中。

4）照明与防雷接地工程中，联闪控制器、镇流器、电气仪表、接线盒、开关、灯具、航空灯、插座等定义为材料；照明配电箱（含降压照明箱、事故照明箱）、配电盘、配电柜定义为设备，其安装费包含在照明与防雷接地定额中。

5）特殊消防工程中，感温感烟探测器、感烟探测电缆、控制模块、模拟盘、按钮、声光报警器、喷淋装置、预作用系统、泡沫发生器、呼吸机、喷淋二次升压消防泵、稳压泵定义为设备，其安装费包含在特殊消防定额中。

6）凡是定额中定义的材料，其费用均包含在定额单价中，不单独计列；定额中定义的设备需要单独计列设备购置费。

（4）采暖、通风空调定额是按照Ⅲ类地区编制的，地区类别差按照表 11-3 进行调整。Ⅰ类地区原则上不实施采暖，当工程需要采暖时，可参照执行。

表 11-3 地区分类调整系数表

地区分类	采暖	通风空调
I	0.3	1.3
II	0.75	1.15
III	1	1
IV	1.2	0.9
V	1.3	0.8

注 地区分类见《电网技术改造工程预算编制与计算规定（2015 年版）》。

由于给水、排水、照明工程与地区分类关系不大，所以不做调整。

（5）给水、排水（含常规水消防）工程包括给水管道、排水管道、消防管道、管道支架、阀门、法兰、水表、流量计、压力表、水龙头、淋浴喷头、地漏、清扫孔、检查孔、透气帽、卫生器具、室内消火栓、水泵接合器、生活消防水箱等的安装，包括管道支架、生活消防水箱的制作，包括保温油漆、防腐保护、管道冲洗、水压试验、单体调试、安拆脚手架等工作内容。

给水、排水定额为指标性综合定额，除有文件说明外，不因材料规格与数量差异而调整。

（6）采暖工程包括采暖管道、管道支架、阀门、法兰、水表、流量计、温度计、压力表、散热器、疏水器、蒸汽分汽缸、集器罐、伸缩节、采暖设备等的安装，包括管道支架、疏水器、蒸汽分汽缸、集器罐、伸缩节的制作，包括保温油漆、防腐保护、管道冲洗、水压试验、单位工程系统调试、安拆脚手架等工作内容。

采暖定额为指标性综合定额，除有文件说明外，不因材料规格与数量差异而调整。

（7）通风空调工程包括风道、风道支架、风口、风帽、风阀、现场配置设备支架等制作与安装，包括通风空调设备安装、保温油漆、防腐保护、单位工程系统调试、安拆脚手架等工作内容。

通风空调定额为指标性综合定额，除有文件说明外，不因材料规格与数量差异而调整。

（8）照明与防雷接地工程包括联闪控制器、镇流器、电气仪表、接线盒、开关、插座、灯具、航空灯、避雷针（网）、引下线、接地极等安装，包括照明配电箱（含降压照明箱、事故照明箱）、配电盘、配电柜安装，包括敷设电线管、敷设照明电线、单位工程照明系统调试、单位工程接地电阻测试、安拆脚手架等工作内容。

照明与防雷接地定额为指标性综合定额，除有文件说明外，不因材料规格与数量差异而调整。

（9）特殊消防工程包括感温感烟探测器、感烟探测电缆、控制模块、模拟盘、按钮、声光报警器、喷淋装置、预作用系统、泡沫发生器、呼吸机、控制电缆、管道、喷头、喷淋二次升压消防泵与稳压泵等安装，包括保温油漆、防腐保护、单位工程消防系统调试、安拆脚手架等工作内容。

1）特殊消防定额为指标性综合定额，除建设规模差异调整外，不因消防形式、消防标准（在消防规范不变的条件下）、材料规格与数量差异而调整。

2）特殊消防由于设计、施工安装分工的不同，费用计算易重复或漏项。特殊消防费用根据电网技术改造工程预算编制与计算规定，列入建筑工程费。概算定额中关于特殊消防工程费用划分界面如下：

a）消防水管道：当常规消防水与特殊消防喷淋水采用同一根消防水主管道时，该消防水主管道费用列入常规水消防费用中，亦特殊消防喷淋管道以建筑物、构筑物常规消防水主管道分界；当特殊消防喷淋水单独设置一根消防水管道时，该消防水管道费用列入特殊消防费用中，亦特殊消防喷淋管道以建筑物、构筑物外墙轴线外 1m 分界。

b）特殊消防电源：当特殊消防独立设置一路电源时，该电源线及消防配电箱（盘、台、柜）费用列入电气安装费用中，从消防配电箱（盘、台、柜）向下敷设的消防电源线费用列入特殊消防费用中。当特殊消防电源从建筑物或构筑物照明配电箱（盘、台、柜）引接时，该照明配电箱（盘、台、柜）费用列入建筑物或构筑物照明费用中，从照明配电箱（盘、台、柜）向下敷设的消防电源线费用列入特殊消防费用中。

c）特殊消防报警（控制系统）：当特殊消防独立设置一块集中报警盘时，该集中报警盘费用列入电气安装费用中，从区域报警器向集中报警盘输送报警信号的控制电缆费用列入电气安装费用中。各种报警按钮、探测器等向区域报警器输送报警信号的控制电缆费用列入特殊消防费用中。

（10）定额中未考虑施工安装与生产运行相互交叉因素，未考虑在有害身体健康的环境中施工的因素，发生时按照有关规定另行计算相关费用。定额已经考虑建筑与安装施工交叉的因素。

四、工程量计算规则

（1）室内给水、排水、采暖、通风空调以及建（构）筑物照明与防雷接地工程按照建筑物、构筑物的建筑体积或面积、长度、高度计算工程量。建筑面积与建筑体积的计算规则执行电网技术改造工程预算定额第一册建筑修缮工程（上册）附录 A、附录 B 计算规定。

（2）建筑安装定额中管道、照明电线、防雷接地界线划分。

1）给水管道、排水管道、消防水管道以建筑物、构筑物外墙轴线外 1m 分界。

2）采暖管道以建筑物、构筑物外墙轴线外 1m 分界。

3）照明电源线以建筑物、构筑物照明总配电箱分界，无总配电箱者以照明配电箱或照明配电盘分界。

4）防雷接地引下线需要接入电气接地母线时，每根引下线包括2.5m水平接地母线。

5）特殊消防喷淋管道以建筑物、构筑物常规消防水主管道分界。

6）计算室内外管道工程量、照明电线工程量、防雷接地工程量时，按照定额划分的界线计算。

（3）特殊消防按照工程建设规模执行定额。

特殊消防工程的设备费参照2005年版技改建筑概算定额中表11-4计列。当工程有实际消防设备费时，按照实际合同额计列。表11-4中的特殊消防设备费为2015年水平，其中不包括消防水泵与消防车的费用。

五、工程案例

案例11-1 附录1是某110kV变电站综合楼建筑工程图，建设地区类别为Ⅰ类，计算其建筑体积及室内安装工程直接工程费。

解：该110kV变电站综合楼属于生产性建筑物，其室内安装工程的工程量均是其建筑体积：

$$V=（20.1+0.24）（9+0.24）×9=1691.47（m^3）$$

其室内安装工程概算直接工程费计算见下表：

表三乙   金额单位：元

序号	编制依据	项目名称	单位	数量	主要材料单价	建筑单价		主要材料合价	建筑合价	
						定额基价	其中人工		费用金额	其中人工
	GJ11-5	配电室给排水	m³	1691.4700		0.59	0.35		998	592
	C02040115	焊接钢管DN50	kg	4.9053	3.769			18		

88

序号	编制依据	项目名称	单位	数量	主要材料单价	建筑单价 定额基价	建筑单价 其中人工	主要材料合价	建筑合价 费用金额	建筑合价 其中人工
	C02040201	镀锌钢管 DN20 以下	kg	12.8552	4.978			64		
	C02040202	镀锌钢管 DN25	kg	28.2475	4.978			141		
	C05110301	铜水嘴 DN15	只	5.0744	15.316			78		
	C05110302	铜水嘴 DN20	只	2.5372	17.231			44		
	C06040104	螺纹法兰 PN0.6 DN25	付	2.5372	28.144			71		
	C06040310	平焊法兰 PN1.6 DN100	片	0.5074	41.832			21		
	C06041302	法兰阀门 DN25	个	2.5372	81.368			206		
	C11070202	洗涤（化验）盆全套双嘴	套	2.5372	393.315			998		
	C11070923	塑料地漏 DN100	个	2.5372	29.499			75		
	C11070924	塑料地漏 DN150	个	4.9053	39.332			193		
	C11080903	消火栓双栓 DN65	套	0.5074	1292.308			656		
	C11081405	水泵接合器墙壁式100	套	0.5074	459.487			233		
	C18050109	硬聚氯乙烯塑料管 DN100	m	0.3383	37.758			13		
	C18050111	硬聚氯乙烯塑料管 DN150	m	0.5074	80.925			41		

89

続表

序号	编制依据	项目名称	单位	数量	主要材料单价	建筑单价		主要材料合价	建筑合价	
						定额基价	其中人工		费用金额	其中人工
	C18050405	塑料给水管 DN50	m	7.1042	29.892			212		
	C18050408	塑料给水管 DN100	m	6.9350	96.684			671		
	调 GJ11-15*1.3	配电室通风空调	m³	1691.4700		2.94	2.48		4970	4200
	C01020303	等边角钢边长63以下	kg	103.3488	3.829			396		
	C01020500	扁钢综合	kg	3.0785	3.877			12		
	C01020712	圆钢φ10以内	kg	4.3978	3.925			17		
	C01030102	薄钢板1.5以下	kg	28.1461	4.461			126		
	C01030105	薄钢板4以下	kg	570.3975	4.021			2294		
	C09030111	碎石混凝土 C15-20	m³	0.2199	234.874			52		
	GJ11-21	配电室照明与接地	m³	1691.4700		3.84	2.44		6495	4127
	C01020310	镀锌角钢综合	kg	62.7535	4.786			300		
	C01020500	扁钢综合	kg	27.2327	3.877			106		
	C01020502	扁钢6~8×75以下	kg	3.5521	3.590			13		
	C01020712	圆钢φ10以内	kg	1.0149	3.925			4		
	C01020901	镀锌圆钢φ8以内	kg	3.0446	4.882			15		

90

续表

序号	编制依据	项目名称	单位	数量	主要材料单价	建筑单价 定额基价	建筑单价 其中人工	主要材料合价	建筑合价 费用金额	建筑合价 其中人工
	C01020903	镀锌圆钢 φ16	kg	64.4450	4.882			315		
	C01030105	薄钢板 4 以下	kg	40.4261	4.021			163		
	C01030306	镀锌钢板 6 以下	kg	8.1191	5.169			42		
	C02000000	无缝钢管 10-20 号综合	kg	259.8098	5.169			1343		
	C02040114	焊接钢管 DN40	kg	7.7808	3.769			29		
	C16010203	裸铜绞线 TJ16	kg	7.4425	39.344			293		
	C16011202	铜芯橡皮绝缘线 500VBX-2.5	m	44.3165	1.857			82		
	C16011213	铝芯橡皮绝缘线 500VBLX-4	m	41.2719	0.804			33		
	C16011402	铝芯聚氯乙烯绝缘电线 BLV-2.5	m	3.3829	0.479			2		
	C16011421	铝芯导线 截面 2.5mm²	m	71.5492	0.383			27		
	C16011422	铝芯导线 截面 4mm²	m	325.4388	0.479			156		
	C16060108	成套灯具 投光灯	套	10.3180	501.493			5174		
	C16060161	普通灯具 半圆球吸顶灯 DN250	套	2.5372	78.665			200		
	C16060168	普通灯具 一般壁灯	套	1.1840	39.333			47		

序号	编制依据	项目名称	单位	数量	主要材料单价	建筑单价		主要材料合价	建筑合价	
						定额基价	其中人工		费用金额	其中人工
	C16060185	密闭灯具防爆灯	套	19.1136	176.997			3383		
	C16070301	荧光灯镇流器	只	10.3180	33.531			346		
	C16080111	单控扳式暗开关单联	套	3.8904	17.231			67		
	GJ11-24	变电站主控楼 消防	套	1.0000		17806.69	13465.99		17807	13466
	C01020310	镀锌角钢综合	kg	502.5000	4.786			2405		
	C02040112	焊接钢管DN25	kg	1974.4000	3.769			7442		
	C09010101	普通硅酸盐水泥 32.5	t	3.5700	306.325			1094		
	C10010101	中砂	m³	0.8500	61.437			52		
	C16020505	铜芯电缆三芯 4	m	242.4000	11.296			2738		
	C16020509	铜芯电缆四芯 4	m	1363.5000	14.359			19578		
	C16020601	控制电缆6 芯以下4mm²	m	840.0000	16.178			13590		
		主材费小计						65668		
		小计						65668	30269	22385

92

第二册 电气工程

册 说 明

一、2015 年版技改电气概算定额的相关术语

技术改造工程：本定额所指的技术改造工程是指全额使用技术改造资金，并且独立列项的技术改造项目。技术改造工程的对象是已形成固定资产的生产工艺系统或生产设施。

电气工程：本定额所指电气工程是电网的变电站、配电所、开闭所、换流站等的一次、测量、控制、保护、自动化等电力工业设备以及相关配套设施的安装工程。本定额的电气工程不包括变电站等场所内的通信设备的安装，也不包括变电站等场所内的照明、通风、给排水等设备的安装。

二、2015 年版技改电气概算定额的适用范围

本定额针对 1000kV 及以下变电（串联补偿）工程、±800kV 及以下换流工程的电气技术改造工程特有内容进行编制，适用于 1000kV 及以下变配电站、±800kV 及以下换流站电气设备的技术改造。

对于电网基建工程（包括扩建工程）、电网检修工程的电气工程，应另外执行相应定额。对于技术改造工程涉及的拆除内容，应执行《电网拆除工程预算定额》。

对于独立立项的电网技术改造工程中部分涉及的电气设备设施的检修工作，可执行《电网检修工程预算定额》相应子目，但其性质仍属于电网技术改造工程，在计取费用时按电网技术改造工程计算。

三、2015 年版技改电气概算定额编制基础及主要依据

本定额编制依据主要包括：

（1）国家和有关部门颁发的现行有关电力工程建设的技术规程、规范及施工质量验评标准。

（2）《电网技术改造工程预算定额（2015 年版） 第二册电气工程》。

（3）电网技术改造工程的典型设计、施工图及施工组织措施等。

四、2015 年版技改电气概算定额的编制原则

本定额是在设备、材料及器材等完整无损，符合质量标准和设计要求，并附有制造厂出厂检验合格证和试验记录的前提下，按电网技术改造工程合理的施工组织设计、施工机械配备以及合理的工期、正常的地理气候条件下制定的。

定额中的人工、材料、施工机械台班消耗量反映了电气技术改造工程施工技术水平和组织水平，除各章节另有具体说明外，均不得因实际施工组织、操作方法等的差异而对定额进行调整或换算。

1．人工

（1）本定额中普通工单价为 37 元/工日，安装技术工单价为 57 元/工日。

（2）本定额工日消耗量中已包括安全监护用工，以及因施工场地狭小、邻近设备带电而引起的人工降效。

（3）本定额工日消耗量中一般不包括行走机械、吊装机械等机械的操作人工，仅包括其他小型施工机械的操作人工消耗。

2．材料

（1）本定额中的计价材料用量包括合理的施工用量和施工损耗以及场内运输损耗。

（2）本定额中的材料费未包括未计价材料的费用。

3．机械

本机械台班用量包括了因施工场地狭小、临近设备苷电而引起的机械降效。

五、2015 年版技改电气概算定额的主要内容

本定额中考虑的工作内容包括有：

（1）进场及开工前的准备，场地清理，工作票、措施票的开具。

（2）设备、器材的站内运输及堆放。

（3）设备开箱检查、安装，脚手架搭拆，质量检验及配合检验等。

（4）施工完成后的恢复、清理。

（5）除需单独计列的特殊试验项目外，定额中已经包括了相应的单体调试。

六、2015 年版技改电气概算定额的未包括内容

本定额未考虑的工作内容主要有：

（1）表计修理和面板修改、更换后的重新安装试验。

（2）为了保证安全生产和符合环保要求而采取措施所发生的措施费用。

（3）电气设备的整体油漆。

（4）电气设备的特殊试验、系统调试和整套设备试运工作。

七、其他说明

（1）在编制概算文件时，人工费应根据电力工程造价与定额管理总站发布的调整文件进行调整。由于人工消耗量及单价的组成、测定原则的不同，各地方、各部门的人工费调整文件一律不作为电力行业定额人工费调整的标准。

（2）在编制概算文件时，定额材料费、机械费应根据电力工程造价与定额管理总站发布的调整文件进行调整。

（3）工程量计算应以设计文件与采用的标准图集和通用图集，以及有关的施工及验收技术规程为依据。计算时应与概算定额所包含的工作内容及适用范围相一致。

（4）在涉及未计价材料的定额工程量时，一般情况下应以设计提供的工程量进行计算。

（5）在计算未计价材料的材料费用时，应执行电力建设工程装置性材料综合预算价格。

（6）本次修编中，一般不再设置 10kV 电压等级子目而只设置 20kV 电压等级的子目，如不作特殊说明，10kV 电玉等级设备安装执行本定额的 20kV 电压等级的子目。66kV 没有相应定额子目的可按 110kV 定额子目乘以系数 0.88。

（7）定额中的站内运输指设备、材料从施工组织设计规定的现场仓库（现场堆放点）运至施工地点的水平运搬及垂直运搬。

第1章 变压器

一、主要内容及范围

本章包括电力变压器安装、35kV 及以下组合型成套箱式变电站安装、电抗器安装、消弧线圈安装、变压器有载分接开关在线净油装置的安装，分为 6 个小节，共 159 个子目。

二、未包括内容

（1）变压器、电抗器防地震措施的制作、安装。如需计算相关费用，可根据具体的设计或作业方案执行相应的预算定额进行计算。

（2）二次整体喷漆。如发生时可参照电气工程预算册相关定额。

（3）变压器干燥。考虑到变压器安装一般不需要现场干燥，即使发现变压器有受潮迹象时，一般可以采用热油循环进行处理。如果受潮严重，则采取返厂进行干燥，故不再考虑变压器的干燥工作。如确需现场干燥，可按实际干燥方案计算发生的费用。

三、定额使用说明

第1节 电力变压器安装

1．工作内容

（1）油浸变压器安装包括：本体安装，端子箱、控制箱、引连线安装，油过滤，铁构件制作安装，接地，单体调试。

（2）干式变压器安装包括：本体安装，端子箱、控制箱、电流互感器、引连线安装，铁构件制作安装，接地，单体调试。

2．工程量计算规则

（1）三相电力变压器装以"台"为计量单位，三相为一台。

（2）单相变压器安装以"台"为计量单位，单相为一台。

3．定额调整说明

（1）自耦变压器、整流变压器安装按同电压、同容量电力变压器安装定额乘以系数0.80。

（2）有载调压变压器安装按同电压、同容量电力变压器安装定额乘以系数1.03。

（3）非晶合金变压器安装按同电压、同容量电力变压器安装定额乘以系数1.1。

（4）分裂变压器安装执行三绕组变压器安装子目。

（5）如实际出现220、330kV单相电力变压器安装时，可执行同电压等级、相应容量的三相变压器安装定额乘以系数0.70。

4．未计价材料

引连线、金具、接地材料、基础钢材、铁构件、网门和铁件镀锌。

5．其他说明

（1）变压器回路内的避雷器、隔离开关、中性点设备，另执行第2章相应定额。

（2）变压器高、中、低压侧软母线和耐张绝缘子的安装，低压侧硬母线的安装，另执行第3章相应定额。

（3）变压器的安装中不包含在线监测装置的安装。

第2节　35kV及以下组合型成套箱式变电站安装

1．工作内容

箱式变电站、电流互感器、柜上母线安装，基础槽钢制作安装，接地，单体调试。

2．工程量计算规则

组合型成套箱式变电站安装以"座"为计量单位。

3．未计价材料

引连线、金具、接地材料、基础钢材、铁构件、网门和铁件镀锌。

4．其他说明

（1）组合型成套箱式变电站是指 35kV 以下的小型户外成套箱式变电站。一般布置为变压器在箱的中间，箱的一端为高压开关位置，另一端为低压开关位置，是一个完整的变电站。成套箱式变电站的内部设备生产厂家已安装好，现场只需要外接高、低压进出线，进出线一般采用电缆。

（2）箱式变电站的安装定额中不包括进、出箱的一、二次电缆敷设及其接线，同时也不包括进、出箱的母排的制作、安装，但包括了箱内柜上的母线安装。

（3）箱式变电站仅改造部分设备时，另执行相应定额。

第 3 节　电 抗 器 安 装

1．工作内容

（1）空心电抗器安装包括：本体安装，引连线安装，铁构件制作安装，接地，单体调试。

（2）干式电抗器安装包括：本体安装，引连线安装，铁构件制作安装，接地，单体调试。

（3）中性点小电抗器安装包括：本体安装，端子箱、控制箱、引连线安装，铁构件制作安装，油过滤，接地，单体调试。

（4）高压电抗器安装包括：本体安装，端子箱、控制箱、引连线安装，铁构件制作安装，油过滤，接地，单体调试。

2．工程量计算规则

（1）空心电抗器安装以"组/三相"为计量单位，三相为一组。

（2）干式电抗器、中性点小电抗器、高压电抗器安装以"台"为计量单位。

3．定额调整说明

35kV 及以下油浸式电抗器按同容量干式电抗器定额乘以系数 1.20。

4．未计价材料

引连线、绝缘子、金具、接地材料、基础钢材、铁构件、网门和铁件镀锌。

5．其他说明

本章干式电抗器安装定额适用于 35kV 以下干式铁芯电抗器安装，包括安装与单体调试。

第 4 节　消弧线圈安装

1．工作内容

（1）充油式消弧线圈安装包括：本体安装，端子箱、控制箱、引连线安装，铁构件制作安装，油过滤，接地，单体调试。

（2）干式消弧线圈安装包括：本体安装，端子箱、控制箱、引连线安装，铁构件制作安装，接地，单体调试。

2．工程量计算规则

消弧线圈安装以"台"为计量单位，三相为一台。

3．定额调整说明

当 35kV 及以上电压等级消弧线圈为干式时，定额乘以系数 0.70。

4．未计价材料

引连线、金具、接地材料、基础钢材、铁构件、网门和铁件镀锌。

第 5 节　变压器有载分接开关在线净油装置安装

1．工作内容

开箱检查，本体安装，管路敷设，接地，单体调试。

2．工程量计算规则

变压器有载分接开关在线净油装置安装以"台"为计量单位。

3．未计价材料

钢管、管件、接地材料、基础钢材、铁构件和铁件镀锌材料费。

4．其他说明

变压器有载分接开关在线净油装置安装包括与主变压器油箱连接管路的安装。

四、其他

110kV 及以上设备安装在户内时，定额人工乘以系数 1.30。

五、工程案例

案例 1-1 某技改工程，安装变压器 1 台，主变压器型号为 SZ11-63000/110，电压等级 110/10.5kV，有载调压；主变压器油质量 16.5t，安装过程中采用流量为 6000L/h 滤油机持续滤油 10h；变压器采用双接地，接地材料为 $\phi 22$ 圆钢，共 20m；变压器高压侧引下线采用钢芯铝绞线，型号为 LGJ-400/35，共 50m；变压器低压侧安装伸缩节，型号 MSS-125×10，三相共 6 片；安装户外落地式转接端子箱 1 只；共敷设控制电缆共 600m（其中 400m 为主变压器本体各附件之间电缆），共 20 根（主变压器本体各附件之间电缆共 12 根），型号为 ZR-KVVP2/22-8×1.5。

定额直接费计算见表 1-1。

表 1-1　　　　　　　　　技术改造安装工程概算表

金额单位：元

编制依据	项目名称	单位	数量	安装单价		安装合价	
				定额基价	其中人工	费用金额	其中人工
调 GQ1-31 R×1.03 C×1.03 J×1.03	110kV 双绕组变压器安装 三相容量（kVA 以下）63000	台	1	36343.94	7874.21	36344	7874
GQ6-3	全站电缆敷设 控制电缆 全站	100m	2.00	520.34	304.95	1041	610
	小计					37385	8484

备注：1. 主变压器为有载调压，需考虑相应调整系数。

2. 绝缘油过滤、引连线安装、端子箱安装均已综合在变压器安装定额中，不应再重复计算安装费，但应注意计列相关的设备与材料费。

3. 变压器安装定额未包括主变压器本体之外的电缆敷设，需单独计算。

4. 主变压器安装中只包括单体调试，对于主变压器局部放电试验、变形试验、绝缘油、气体继电器等的特殊试验，需另外执行调试册定额进行计列。

5. 本案例中未计列设备、未计价材料及分系统调试、整套启动调试和特殊调试的费用。

第2章　配电装置

一、主要内容及范围

本章包括断路器安装、SF_6全封闭组合电器（GIS）安装、复合式组合电器安装、空气外绝缘组合电器、隔离开关安装、负荷开关安装、电流互感器安装、电压互感器安装、避雷器安装、电容器安装、高压动态无功补偿装置、熔断器安装、放电线圈安装、阻波器安装、成套高压配电柜安装、开闭所成套装置安装、中性点接地成套装置安装，分为11个小节，共274个子目。

二、未包括内容

1. 除另有说明外，本章定额未包括设备支架制作安装，设备支架制作安装另执行第5章定额；但随设备供货的支架的安装已包含在设备安装定额中。

2. 本章定额未包括保护网制作安装，保护网制作安装另执行第5章定额。

三、定额使用说明

第1节　断路器安装

1. 工作内容

（1）真空断路器安装包括本体安装、引连线安装，接地，单体调试。

（2）SF_6断路器安装、SF_6全封闭组合电器（GIS）安装包括：本体安装，引连线安装，抽真空，充SF_6气体，检漏试验，附件安装，接地，单体调试。

（3）SF_6全封闭组合电器（GIS）主母线安装、进出线套管安装包括：本体安装，抽真空，充SF_6气体，检漏试验，接地。

（4）复合式组合电器（HGIS）、空气外绝缘组合电器

（COMPASS）安装包括：本体安装，引连线安装，抽真空，充 SF_6 气体，检漏试验，附件安装，接地，单体调试。

2．工程量计算规则

（1）断路器安装以"台"为计量单位，三相为一台。

（2）SF_6 全封闭组合电器（GIS）安装以"间隔"为计量单位。

（3）复合式组合电器（HGIS）安装、空气外绝缘组合电器（COMPASS）安装以"台"为计量单位，三相为一台。

（4）SF_6 全封闭组合电器（GIS）主母线安装按中心线长度计量。

（5）SF_6 全封闭组合电器（GIS）进出线套管以"个"为计量单位，每相为一个。

3．定额调整说明

（1）罐式断路器按同电压等级的 SF_6 断路器定额乘以系数 1.20。

（2）SF_6 全封闭组合电器（GIS）、复合式组合电器（HGIS）、空气外绝缘组合电器（COMPASS）安装高度在 10m 以上（指设备底座距离±0m 超过 10m 以上）时，定额人工乘以系数 1.05，定额机械乘以系数 1.20。

（3）SF_6 全封闭组合电器（GIS）主母线安装包括 GIS 本体内的主母线，并按中心线长度计量。

4．未计价材料

引连线、金具、绝缘子、接地材料、基础钢材、铁构件和铁件镀锌。

5．其他说明

（1）设备内填充的绝缘介质，如绝缘油、SF_6 气体等，属于设备的组成部分，定额中所列的是安装过程中合理的损耗量。

（2）断路器安装未包括绝缘油、SF_6 气体、压力表计的检验。

（3）SF$_6$全封闭组合电器（GIS）、复合式组合电器（HGIS）、空气外绝缘组合电器（COMPASS）安装未包括 SF$_6$ 气体的质量、压力表计的检验。

（4）GIS 安装定额中已考虑了设备本体连接电缆、管线的敷设安装。

第 2 节　隔离开关安装

1．工作内容

本体安装，引连线安装，接地，单体调试。

2．工程量计算规则

隔离开关安装以"组"为计量单位，三相为一组；单相接地开关以"台"为计量单位，单相为一台。

3．定额调整说明

负荷开关可执行同电压等级的隔离开关安装定额；融冰采用的两相隔离开关可执行同电压等级的隔离开关安装定额以系数 0.80。

4．未计价材料

引连线、金具、绝缘子、接地材料、基础钢材、铁构件及铁件镀锌。

5．其他说明

（1）户内型操动机构按手动机构考虑，户外型的操动机构按手动、电动机构综合取定，型式不同时不作调整。

（2）隔离开关安装定额中只包括了与由隔离开关生产产家配套的闭锁、联锁装置的安装，未包括为了保证操作安全而另外加装的闭锁、联锁装置的安装与检查。

第 3 节　敞开式组合电器安装

1．工作内容

本体安装，引连线安装、端子箱安装，接地，单体调试。

2．工程量计算规则

敞开式组合电器安装以"组"为计量单位，一组隔离开关及一组电流互感器（隔离开关）的组合为一组。

3．未计价材料

引连线、金具、绝缘子、接地材料、基础钢材、铁构件和铁件镀锌。

第4节 互感器安装

1．工作内容

本体安装，引连线安装，端子箱的安装，接地，单体调试。

2．工程量计算规则

电流、电压互感器安装以"台"为计量单位，单相为一台。

3．定额调整说明

SF_6 电流互感器安装时按定额人工乘以系数 1.08，SF_6 电压互感器安装时按油浸式定额人工乘以系数 1.05。油浸式互感器如需吊芯检查，人工费与机械费乘以 2.0。

4．未计价材料

引连线、金具、接地材料、基础钢材、铁构件和铁件镀锌。

5．其他说明

（1）电容式电压互感器包括中间变压器和阻尼器的安装。

（2）当电容式电压互感器同时为电子式电压互感器时，执行电容式电压互感器安装定额。

第5节 避雷器安装

1．工作内容

本体安装，引连线安装，在线监测器（放电计数器）安装，接地，单体调试。

2．工程量计算规则

避雷器安装以"组"为计量单位，三相为一组。

3．定额调整说明

单相避雷器安装按同电压等级定额乘以系数 0.4 计算。

4．未计价材料

引连线、金具、绝缘子、接地材料、基础钢材、铁构件和铁件镀锌费。

5．其他说明

避雷器安装中均包括放电记录器（在线监测装置）等附件的安装，但不包括钢支架的安装。

第6节 电容器安装

1．工作内容

（1）框架式电力电容器、密集型电容器、自动无功补偿装置、110kV 并联电容器、耦合电容器安装包括本体安装、引连线安装、接地、单体调试。

（2）高压动态无功补偿装置安装：

1）SVC 安装：TCR、TSC 及滤波支路安装，引连线安装，接地，单体调试。其中 TCR 安装包括晶闸管阀、穿墙套管、相控电抗器、电流互感器、隔离开关、馈线避雷器安装、管型母线连接、支柱绝缘子及引线连接； TSC 安装包括晶闸管阀组、穿墙套管、串联电抗、电容器组、电流互感器、隔离开关、馈线避雷器、阀组避雷器安装、管型母线连接、支柱绝缘子及引线连接；滤波支路部分包括滤波电抗器、滤波电容器组、馈线电流互感器、不平衡保护电流互感器、馈线避雷器、隔离开关、支柱绝缘子安装及引线连接。

2）SVG 安装：直挂式 SVG 安装包括功率柜安装、充电柜安装、串联电抗器安装，引线连接，接地，单体调试；连接变压器式 SVG 安装包括功率柜、充电柜、连接变压器、隔离开关、电流互感器安装，引线连接，接地，单体调试。

（3）串补装置安装包括：平台组装，平台绝缘支柱组装，平台吊装，平台斜拉绝缘子，高空平台护栏，平台液压梯，断路器，隔离开关，避雷器，电流互感器，电抗器，金属氧化物限压器 MOV，阻尼电抗器，阻尼电阻器，GAP，旦容器组，端子箱安装，接地，单体调试。

2．工程量计算规则

（1）框架式电容器安装以"台"为计量单位。

（2）耦合电容器安装以"台"为计量单位，单相为一台。

（3）密集型电容器、自动无功补偿装置、110kV 并联电容器、高压动态无功补偿装置安装以"组"或"套"为计量单位，三相为一组（套）。

（4）串补装置的设备安装中，以"套"为计量单位，单相为一组（套）。

3．定额调整说明

并联电容器成套装置安装时：66kV 电容器组执行 110kV 并联电容器组乘以系数 0.88，35kV 电容器组执行 110kV 并联电容器组乘以系数 0.60，10kV 电容器组执行 110kV 并联电容器组乘以系数 0.40。

4．未计价材料

引连线、金具、绝缘子、接地材料、基础钢材、铁构件和铁件镀锌。

5．其他说明

（1）并联电容器成套装置综合了密集型并联电容器成套装置和框架式并联电容器成套装置。

（2）密集型并联电容器安装综合考虑了密集型并联电容器、集合式并联电容器的安装。执行定额时按电压及容量以"组"为单位套用定额。定额中未包括绝缘子及连接母线的安装。

（3）110kV 并联电容器组安装已包括其中所有配电装置及设施的安装和单体调试，不需另外执行其他定额。

第 7 节　熔断路、放电线圈安装

1．工作内容

本体安装，引连线安装，接地，单体调试。

2．工程量计算规则

（1）熔断器安装以"组"为计量单位，三相为一组。

（2）放电线圈安装以"台"为计量单位，一只为一台。

3．定额调整说明

单相熔断路器安装执行定额乘以系数 0.40。

4．未计价材料

引连线、金具、绝缘子、接地材料、基础钢材、铁构件和铁件镀锌。

第 8 节　阻波器安装

1．工作内容

本体安装，引连线安装，悬式绝缘子串安装，接地，单体调试。

2．工程量计算规则

阻波器安装以"个"为计量单位。

3．未计价材料

引连线、金具、绝缘子、接地材料、基础钢材、铁构件和铁件镀锌。

4．其他说明

支撑式阻波器安装定额未包括支撑绝缘台的材料及安装。

第9节 成套高压配电柜安装

1．工作内容

（1）高压配电柜安装，本体安装，柜内母线安装，基础槽钢制作安装，接地，单体调试。

（2）20kV 以下开闭所成套装置安装，本体安装，基础槽钢制作安装，接地，单体调试。

2．工程量计算规则

成套高压配电柜、开闭所成套装置安装以"台"为计量单位。

3．定额调整说明

（1）成套高压配电柜安装定额按固定式、手车式、开启式或封闭式综合考虑，使用时不作调整。

（2）20kV 以下开闭所成套装置定额按全负荷开关考虑，当进、出线采用断路器时，相应定额乘以系数（1＋0.2×断路器数量/设计开关间隔单元总数）。

4．未计价材料

引连线、金具、绝缘子、接地材料、基础钢材、铁构件和铁件镀锌。

5．其他说明

（1）定额中的电容器柜指柜内配装无功补偿电容器的开关柜，对于配电装置中用于控制电容器投切的断路器柜，应执行断路器柜定额。

（2）定额中的站用变压器柜指柜内配装变压器的开关柜，对于配电装置中用于控制站用变压器投切的断路器柜，应执行断路器柜定额。站用变压器柜内的变压器需在现场安装时，另需执行变压器安装定额。

（3）成套高压柜不适用于接地变压器、消弧线圈成套装置安装，消弧线圈以及隔离开关等配电装置都需单独安装，分别执行各设备的安装定额。

第 10 节　中性点接地成套装置安装

1．工作内容

本体安装，接线，基础槽钢制作安装，接地，单体调试。

2．工程量计算规则

小电阻接地成套装置安装以"台"为计量单位。

3．未计价材料

引连线、金具、绝缘子、接地材料、基础钢材、铁构件和铁件镀锌。

4．其他说明

（1）小电阻接地成套装置安装已按不同电压等级综合考虑，使用时不作调整。

（2）接地变压器、消弧线圈成套装置中的变压器、电抗器、消弧线圈，以及隔离开关等配电装置需要现场分别安装可分别执行各设备的安装定额。

（3）主变压器的中性点接地成套装置应分别执行各设备的安装定额。

四、其他

110kV 及以上设备安装在户内时，定额人工乘以系数1.30。

五、工程案例

案例 2-1　某技改工程，安装 SF$_6$ 断路器一台，型号为LW4-220；两侧连接线采用钢芯铝绞线，型号为 LGJ-630/55，共 80m；支架为厂家供应；设备接地材料为 ϕ22 圆钢，共 15m。

定额直接费计算见表 2-1。

表 2-1

表 2-1　　　技术改造安装工程概算表

金额单位：元

编制依据	项目名称	单位	数量	安装单价		安装合价	
				定额基价	其中人工	费用金额	其中人工
GQ2-10	SF₆断路器安装 户外 电压（kV）220	台	1.00	8107.21	2531.86	8107	2532
	小计					8107	2532

备注：1．本例中断路器虽三相分别组装，执行定额时以三相为一台。

　　　2．断路器安装已综合了断路器的连接线安装，不应再重复计算。

　　　3．设备安装中只包括单体调试，对于设备耐压试验、局部放电试验、气体试验等的特殊试验需另外执行调试册定额进行计列。

　　　4．本案例中未计列设备、未计价材料及分系统调试、整套启动调试和特殊调试的费用。

案例 2-2　某变电站加装 10kV 框架式无功补偿装置 2 组，同时加装 2 台 10kV 电容器开关柜，主要设备参数见表 2-2。

表 2-2　　　　设 备 参 数 表

序号	设备材料名称	型号及规格	单位	数量
1	10kV 电容器组（具体配置如1.1～1.7，均为厂家配套供货）	TBB10-5010/334-AK， 10kV，5010kvar，单星形接线	组	2
1.1		1．油浸式并联电容器：BAM11/$\sqrt{3}$-334-1W	只	15
1.2		2．氧化锌避雷器 YH5WR-17/45	只	3
1.3		3．放电线圈：FDGR11-$\sqrt{3}$-3.4-1	只	3
1.4		4．网状围栏（28m²）	套	1
1.5		5．铜母线 TMY-50×5	m	50

序号	设备材料名称	型号及规格	单位	数量
1.6		6. 接地隔离开关：GN19-10W/1000A，四极	组	1
1.7		7. 放电记录器 JS-8 型	只	3
2	干式铁芯电抗器	CKSC-300/10-5 X_c＝5%	台	2
3	热缩套	RSG	m	100
4	中置式电容器柜	真空断路器（1 台）：1250A 31.5kA 接地开关 JN15（1 套）：31.5kA 电流互感器（3 只）：LZZBJ9-10C2	面	2

定额直接费计算见表 2-3。

表 2-3　　　　技术改造安装工程概算表

金额单位：元

编制依据	项目名称	单位	数量	安装单价		安装合价	
				定额基价	其中人工	费用金额	其中人工
调 GQ2-214 R×0.4 C×0.4 J×0.4	电容器安装 110kV 并联电容器安装 并联电容器组 110kV	组	2.00	12441.05	2244.89	24882	4490
GQ2-254	成套高压配电柜安装 20kV 以下配电柜 附真空断路器柜	台	2.00	1493.78	555.71	2988	1111
	小计					27870	5601

备注：1. 并联电容器组执行 110kV 并联电容器安装定额时，应注意乘以系数 0.40。

2. 并联电容器组安装中已综合了相关设备的安装与单体调试，不再执行其他定额，但相应的设备与材料费应另行计列。

3. 本案例中未计列设备、未计价材料及分系统调试、整套启动调试和特殊调试的费用。

第3章 绝缘子、母线

一、主要内容及范围

本章包括支持绝缘子安装、穿墙套管安装、软母线安装、架空避雷线安装、矩形母线安装、管形母线安装、绝缘管形母线安装、共箱母线安装、低压封闭式插接母线槽安装，分为9个小节，共71个子目。

二、未包括内容

支架、铁构架的制作、安装，发生时执行本册第5章定额。

三、定额使用说明

第1节 绝缘子、穿墙套管安装

1．工作内容

本体及附件安装，接地，单体调试。

2．工程量计算规则

支持绝缘子、穿墙套管安装以"个"为计量单位。

3．定额调整说明

110kV 及以上支持绝缘子户内安装时，人工乘以系数1.30。

4．未计价材料

绝缘子、穿墙套管、金具、铁件、接地材料、钢材镀锌。

5．其他说明

（1）概算定额未编制悬垂绝缘子串安装定额，其安装费用已综合考虑在其他相关工序中，不再单独计算，但悬垂绝缘子串的材料费需单独计算。

（2）定额的支持绝缘子、穿墙套管已综合了各种型式，型式不同时执行定额不作调整。

第 2 节　软母线、架空避雷线安装

1．工作内容

（1）软母线安装包括：软母线安装，跳线、引连线安装，绝缘子串安装及单体调试。

（2）架空避雷线安装包括架空避雷线及附件安装。

2．工程量计算规则

（1）软母线安装以"跨/三相"为计量单位。

（2）架空避雷线安装以 "根/跨"为计量单位。

3．未计价材料

导线、绝缘子、金具、铁件、接地材料、钢材镀锌。

第 3 节　矩形母线、管形母线、绝缘管形母线安装

1．工作内容

（1）矩形母线安装包括：矩形母线、伸缩节及附件安装，绝缘热缩安装。

（2）管形母线安装包括：管形母线及附件安装，绝缘子单体调试。

（3）绝缘管形母线安装包括：绝缘管型母线及附件安装。

2．工程量计算规则

（1）矩形母线安装、支撑式管形母线安装、绝缘管形母线安装以"m"为计量单位，均按单相母线中心线的延长米计算。

（2）悬吊式管形母线安装以"跨/三相"为计量单位。

3．定额调整说明

（1）矩形母线每相两片按同截面积母线定额乘以系数1.80，矩形母线每相三片按同截面积母线定额乘以系数2.70，矩形母线每相四片按同截面积母线定额乘以系数3.60。

（2）矩形铜母线、钢母线安装，套用同截面积铝母线定额乘以系数1.40。

4．未计价材料

矩形母线、管形母线、绝缘子、金具、热缩材料、铁件、接地材料、钢材镀锌。

5．其他说明

支撑式管形母线安装不包括支持绝缘子的安装，需另外执行本章绝缘子安装定额。

第4节 共箱母线、低压封闭式插接母线槽安装

1．工作内容

（1）共箱母线安装包括：共箱母线及附件安装。

（2）低压封闭式插接母线槽安装包括：低压封闭式插接母线槽安装，封闭母线槽分线箱安装。

2．工程量计算规则

共箱母线安装、低压封闭式插接母线槽安装以 "m" 为计量单位，以单相延长米计算。

3．定额调整说明

封闭式插接母线槽在 10m 以上竖井内安装时，人工和机械定额均乘以系数 2.0。

4．未计价材料

母线、母线槽、绝缘子、金具、热缩材料、铁件、接地材料、钢材镀锌。

5．其他说明

（1）分线箱安装已综合在封闭式插接母线槽的定额中，不再单独计算其安装费。

（2）封闭式插接母线槽安装不分铜导体和铝导体，一律按其额定电流大小划分定额子目。

（3）母线伸缩节头、铜铝过渡板、共箱母线、封闭式插接母线槽均按生产厂供应成品考虑，定额只考虑现场安装。

四、案例

案例 3-1 某一技改工程，需安装一段 10kV 母线桥以及母线桥终端的穿墙套管，具体设施及材料见表 3-1。

表 3-1　　　　　　　设施及材料表

序号	设备材料名称	型号及规格	单位	数量
1	穿墙套管	CWC-20/3000	只	3
2	铜母线	TMY-125×10	只	150
3	硬管母线固定金具	MWL-304	只	40
4	支柱绝缘子	ZSW-20/16	套	40
5	母线伸缩节	MS-125×10	只	9
6	矩形母线间隔垫	MJG-04	组	270
7	母线热塑套	配 TMY-125×10	只	150

定额直接费计算见表 3-2。

表 3-2　　　　　　技术改造安装工程概算表

金额单位：元

编制依据	项目名称	单位	数量	安装单价		安装合价	
				定额基价	其中人工	费用金额	其中人工
GQ3-9	穿墙套管安装额定电压（kV）20	个	3.00	427.15	144.13	1281	432
GQ3-1	支持绝缘子安装额定电压（kV）20	个	40.00	83.04	30.54	3322	1222
调 GQ3-40 R*3.1 C*3.1 J*3.1	矩形母线安装截面积（mm²）1250	m	50.00	170.28	84.48	8514	4224
	小计					13117	5878

备注：1. 本例未考虑穿墙套管的穿通板及母线的相关支持铁件。

2. 由固定金具 MWL-304，可以判定母线桥为每相三片，故母线安装应执行"矩形母线安装 截面积（mm²）1250"时应注意相应的调整系数。

3. 本例母线为铜母线，执行定额时应注意调整系数。

4. 支柱绝缘子安装已经综合了固定金具与安装，矩形母线安装综合了伸缩节、热缩套管的安装，均不再执行其他定额。

5. 本案例中未计列设备、未计价材料及分系统调试、整套启动调试和特殊调试的费用。

案例 3-2 某一技改工程，需安装 110kV 软母线两跨，引下线 1 组，具体设施及材料见表 3-3。

表 3-3　　　　　　　　设 施 及 材 料 表

序号	设备材料名称	型号及规格	单位	数量
1	110kV 软母线	LGJ-400/35　60m	跨	2
2	耐张绝缘子串	2×（8×FC-100）	串	12
3	悬垂绝缘子串	8×FC-100	串	3
4	110kV 引下线	LGJ-400/35　75m	组	1

定额直接费计算见表 3-4。

表 3-4　　　　　　技术改造安装工程概算表

金额单位：元

编制依据	项目名称	单位	数量	安装单价		安装合价	
				定额基价	其中人工	费用金额	其中人工
GQ3-21	软母线安装 110kV 截面积（mm²） 400	跨/三相	2.00	1213.01	572.16	2426	1144
	小计					2426	1144

备注：1. 耐张绝缘子、安装包括在母线安装中，不得另行计算安装费。

　　　2. 悬垂绝缘子串、设备引下线均已综合相关设施定额中，不应再执行其他定额。

　　　3. 本案例中不计列未计价材料的费用。

第4章 控制保护屏、自动化系统

一、主要内容及范围

本章包括控制、保护屏柜安装和屏柜内元件安装，分为2个小节，共19个子目。

二、未包括内容

二次整体喷漆，如发生时执行本册第5章定额。

三、定额使用说明

第1节 控制、继电保护屏柜安装

1. 工作内容

屏柜本体安装，柜间小母线安装，设备自带电缆安装，基础槽钢制作安装，接地，单体调试。

2. 工程量计算规则

控制、保护屏柜安装以"块"为计量单位，一面为一块。

3. 未计价材料

基础铁件、接地材料、钢材镀锌。

4. 其他说明

（1）端子箱安装已综合在相关设备的安装定额中，若单独安装时，可执行第5章定额。

（2）变电站保护盘台柜的电压等级是指变电站的最高电压等级。

（3）屏柜安装综合了屏柜的端子板外部接线工作。

第2节 屏柜内元件安装

1. 工作内容

（1）成套装置安装包括：数字化智能终端、合并单元、保护测控装置安装及端子接线，单体调试，配电变压器采集器、开闭所采集器、环网柜配电采集器安装及端子接线。

（2）小型元件安装包括：表计及继电器、组合继电器或保护插件、电磁锁（电脑编码锁）、屏上其他附件的安装及端子接线，单体调试。

2．工程量计算规则

（1）成套装置安装以"台"为计量单位。

（2）元件及盘内汇线槽安装以"个"为计量单位。

3．定额调整说明

（1）35kV 及以下保护测控装置安装按 220kV 及以下保护测控装置乘以系数 0.4,110kV 保护测控装置安装按 220kV 及以下保护测控装置乘以系数 0.9。

（2）330kV 保护测控装置安装按 220kV 及以下保护测控装置乘以系数 0.7,500kV 保护测控装置安装直接执行 220kV 以上保护测控装置定额。750kV 保护测控装置安装按 220kV 以上保护测控装置乘以系数 1.2,1000kV 保护测控装置安装按 220kV 以上保护测控装置乘以系数 1.8。

4．未计价材料

基础铁件、接地材料、钢材镀锌。

5．其他说明

服务器、路由器、交换机、网络安全设备、视频监控、电子围栏等的安装调试另执行通信工程册相关定额。

四、案例

案例 4-1 某一技改工程，更换 220kV 主变压器保护屏 3 面，更换 110kV 线路保护屏 2 面，更换 110kV 线路测控屏共 3 面，其他屏柜加装中间继电器 10 只，配线 BV-4.0 共 180m，其他屏柜更换标签 20 个，以上屏柜更换均利用原有电缆及接线。

定额直接费计算见表 4-1。

表 4-1　　　　　　　**技术改造安装工程概算表**

金额单位：元

编制依据	项目名称	单位	数量	安装单价		安装合价	
				定额基价	其中人工	费用金额	其中人工
GQ4-4	保护屏柜安装 220kV 变电站	块	5.00	4456.30	1897.70	22282	9489
GQ4-1	控制屏柜安装	块	3.00	1793.41	814.01	5380	2442
GQ4-18	屏柜内元件安装 小型元件安装　元件	个	30.00	40.49	29.36	1215	881
	小计					28877	12812

备注：1．本例中不考虑拆除工程量的计算。

　　　2．屏柜配线定额中已包括的导线，实际型式不同时不作调整。

　　　3．本案例中未计列设备、未计价材料及分系统调试、整套启动调试和特殊调试的费用。

第5章　交直流系统与低压电器

一、主要内容及范围

本章包括太阳能电池安装，免维护蓄电池安装，蓄电池安装，交直流屏柜、照明设备、低压电器等设备安装，铁构件及保护网制作安装，分为7个小节，共31个子目。

二、定额使用说明

第1节　太阳能安装、蓄电池安装

1．工作内容

（1）太阳能电池安装包括：太阳能电池及附件安装，接地。

（2）蓄电池、免维护蓄电池安装包括：蓄电池及支架安装，接地，充放电，单体调试。

2．工程量计算规则

（1）太阳能电池以"组"为计量单位。

（2）免维护蓄电池安装以"只"为计量单位。

（3）蓄电池安装以"组"为计量单位。

3．未计价材料

支架、基础铁件、接地材料、铁件镀锌。

4．其他说明

（1）太阳能电池安装综合了太阳能电池支架的安装以及太阳能电池与控制屏联测，不应再执行其他定额。

（2）蓄电池组、免维护蓄电池安装不包括充电、馈电屏柜的安装。充电馈电屏、直流联络屏的安装需另外执行定额。

（3）蓄电池抽头电缆及其保护管的敷设接线另执行相应定额。

（4）免维护蓄电池的支架由制造厂配套提供，其安装工作内容已包括在该蓄电池安装定额中，不得重复套支架安装定额。

第2节 交直流屏柜安装

1．工作内容

本体安装，接地，基础槽钢制作安装，单体调试。

2．工程量计算规则

交直流屏柜安装以"台"或"套"为计量单位。

3．未计价材料

支架、基础铁件、接地材料、铁件镀锌。

4．其他说明

（1）本章定额中的蓄电池在线检测仪安装适用于需现场单独安装的情况，对于屏柜中组装的蓄电池在线检测仪安装，已包括在相应屏的安装定额中，不应再重复计算。

（2）UPS三相不停电电源安装包括了UPS主机、电池柜接线安装工作，并综合了各种容量，实际容量不同时不作调整。

（3）交直流一体化电源在变电通信共用时，执行电气安装定额。

第3节 照明设备安装

1．工作内容

灯具安装、电杆组立、保护管敷设、管内配线、基坑土方挖填、基础安装。

2．工程量计算规则

照明设备安装以"套"为计量单位。

3．未计价材料

成套灯具、电杆、支架、基础铁件、接地材料、铁件镀锌。

4．其他说明

（1）照明设备安装不含照明电缆敷设，照明电缆敷设另执行相应定额。

（2）埋地穿管敷设绝缘导线安装包括管道及管内导线的安装。

第4节　低压电器设备安装

1．工作内容

交流配电屏、转接切换屏、成套低压开关柜安装及接地，动力箱、照明箱等小型电源箱安装，闸刀开关、组合开关和限位开关等小元件安装，低压电阻器、变阻器、传感器、电磁制动器、漏电保护器等其他小电器安装。

2．工程量计算规则

低压电器设备安装以"台"或"个"为计量单位，一面为一台。

3．未计价材料

支架、基础铁件、接地材料、铁件镀锌。

4．其他说明

低压电器设备安装中成套开关柜定额综合了各种进出线柜、联络柜、计量柜、电容器柜等形式。成套柜安装不包括柜外母线及母线桥的配制安装。低压电器设备安装不包括支架制作安装。

第5节　铁构件及保护网制作安装

1．工作内容

铁构件及保护网制作安装、镀锌。

2．工程量计算规则

（1）铁构件制作安装以"t"为计量单位。

（2）保护网制作安装以"m^2"为计量单位。

3．未计价材料

铁件、保护网、铁件镀锌。

4．定额调整说明

成品供货的铁件或保护网进行安装，执行定额时乘以系数 0.40。

5．其他说明

铁构件及保护网制作安装内容中不包括加工制作过程中的镀锌费，如铁件与网门现场制作过程中需要进行镀锌，则应另行计取镀锌费。

三、案例

案例 5-1 某一技改工程，进行直流系统改造，主要包括：安装充电屏 2 面，馈线屏 2 面（带绝缘监测装置 1 套）；交流不间断电源屏 1 面（容量为 2×3kVA）；安装 110V 阀控式铅酸蓄电池 1 组，容量 300Ah，共 54 只，包括双层双排蓄电池支架共 4m；另需安装蓄电池电缆 ZR-VV22-1kV-1×70 共 2 根，长度 80m。

定额直接费计算见表 5-1。

表 5-1　　　　　技术改造安装工程概算表

金额单位：元

编制依据	项目名称	单位	数量	安装单价		安装合价	
				定额基价	其中人工	费用金额	其中人工
GQ5-19	交直流屏柜安装 交直流配电装置屏	台	4.00	1067.31	404.68	4269	1619
GQ5-20	交直流屏柜安装 30kW UPS 三相不停电电源	套	1.00	2050.79	1222.89	2051	1223
GQ5-5	免维护蓄电池 300Ah	只	54.00	55.08	37.67	2974	2034
GQ6-1	全站电缆敷设 电力电缆6kV以下 全站	100m	0.80	585.93	303.29	469	243

编制依据	项目名称	单位	数量	安装单价		安装合价	
				定额基价	其中人工	费用金额	其中人工
	小计					9763	5118

备注：1．执行定额时不再区分充电屏、馈线屏，统一执行交直流配电装置屏定额。

2．三相不停电电源安装定额综合了各种不同规格与形式，实际型式不同时不作调整。

3．蓄电池安装定额综合了支架安装及蓄电池充放电，不再单独计算。

4．电缆敷设综合了电缆终端头制作安装，不再单独计算。

5．本案例中未计列设备、未计价材料及分系统调试、整套启动调试和特殊调试的费用。

第6章 电 缆

一、主要内容及范围

本章包括全站电缆敷设，电缆支架、桥架安装，电缆防火安装，分为3个小节，共15个子目。

二、未包括内容

1．隔热层、保护层的制作安装，发生时按照具体方案按实计取费用。

2．电缆的冬季施工加温工作，发生时按照具体措施按实计取费用。

三、定额使用说明

第1节 全站电缆敷设

1．工作内容

（1）电力电缆敷设包括：电缆敷设和电力电缆调试，电缆保护管敷设，电缆头制作安装，电缆沟挖填土，电缆沟铺沙盖砖，电缆沟揭盖盖板等。

（2）控制电缆敷设包括：电缆敷设，电缆保护管敷设，电缆头制作安装，电缆沟挖填土，电缆沟铺沙盖砖等，电缆沟揭盖盖板等。

2．工程量计算规则

电缆敷设以"100m"为计量单位。

3．定额调整说明

（1）计算机电缆敷设执行通信定额。

（2）电力电缆敷设包括电缆耐压试验等调试工作，不应再另行计算。

4．未计价材料

电缆、6kV 及以上电缆接头、电缆保护管。

第 2 节　电缆支架、桥架安装

1．工作内容

电缆支架、桥架制作安装，接地。

2．工程量计算规则

电缆支架、桥架安装以"t"为计量单位，其中复合材料支架以"副"为计量单位。

3．未计价材料

电缆支架、电缆桥架、接地材料、铁件镀锌。

4．其他说明

（1）电缆井罩的制作安装执行第 5 章铁构件制作安装定额，钢组合支架执行钢电缆桥架定额。

（2）复合材料桥架安装执行铝合金桥架安装，定额乘以系数 1.30。

第 3 节　电 缆 防 火 安 装

1．工作内容

槽盒安装，隔板加工、固定，防火堵料调配、搅拌、堵塞等，防火墙的砌筑，铁构件制作安装，接地。

2．未计价材料

电缆防火材料。

四、其他

（1）本章定额未考虑在积水区、水底、井下、站外等条件下的施工安装。

（2）本章定额适用于变电站内 20kV 及以下电力电缆和控制电缆的敷设和电缆头制作安装。35kV 及以上高压电缆敷设、电缆试验执行输电线路定额，电缆属于设备性材料，取费执行电气工程取费。

五、工程案例

案例 6-1 某一技改工程，敷设控制电缆共 700m，型号为 ZR-KVVP2/22-6×1.5，共 5 根，敷设路径电缆沟共长 150m，电缆沟宽 1m；埋设钢电缆保护管 60m，保护管直径为 50mm；制作安装电缆支架共 0.13t。

定额直接费计算见表 6-1。

表 6-1　　　　技术改造安装工程概算表

金额单位：元

编制依据	项目名称	单位	数量	安装单价		安装合价	
				定额基价	其中人工	费用金额	其中人工
GQ6-3	全站电缆敷设 控制电缆 全站	100m	7.00	520.34	304.95	3642	2135
GQ6-4	电缆支架、桥架安装 电缆支架 钢质	t	0.13	5419.74	2609.48	705	339
	小计					4347	2474

备注：1. 控制电缆敷设不再区分规格，统一执行全站控制电缆敷设子目。

　　　2. 控制电缆敷设定额综合了电缆终端头制作安装、保护管敷设、电缆沟揭盖盖板等工作量，不得另行计算。

　　　3. 控制电缆敷设定额未综合电缆桥架、支架安装，电缆桥支架安装应另外执行定额。

　　　4. 本案例中未计列未计价材料及分系统调试、整套启动调试和特殊调试的费用。

案例 6-2 某一技改工程，敷设电力电缆共 2000m：其中型号为 ZR-VV22-1kV-4×4 的电缆长 1300m，共 10 根；型号为 ZR-YJV-10kV-1×240 的电缆 700m，共 4 根，均采用户内冷缩终端。

定额直接费计算见表 6-2。

表 6-2　　　　　　　**技术改造安装工程概算表**

金额单位：元

编制依据	项目名称	单位	数量	安装单价		安装合价	
				定额基价	其中人工	费用金额	其口人工
GQ6-1	全站电缆敷设　电力电缆 6kV 以下　全站	100m	13.00	585.93	303.29	7617	3943
GQ6-2	全站电缆敷设　电力电缆 6kV 以上　全站	100m	7.00	873.05	484.30	6111	3390
	小计					13728	7333

备注：1．执行定额时应注意 10kV 与 1kV 电缆敷设应分别执行定额。

2．电缆终端的制作安装已综合在敷设定额中，不应再计列安装费，但材料费需另计。

3．本案例中不计算未计价材料的费用。

第 7 章　接　　地

一、主要内容及范围

本章包括：全站接地安装，避雷接地引下线安装、避雷网安装，分为 3 个小节，共 13 个子目。

二、定额使用说明

第 1 节　全　站　接　地

1．工作内容

（1）全站接地包括：接地母线敷设，接地极制作安装，接地跨接线安装，构筑物接地引连线安装，降阻剂安装，离子接地极、接地模块安装，接地井制作安装。

（2）电子设备防雷接地包括：信号避雷器、电源避雷器、分电源避雷器、直流电源避雷器等钻孔、安装、接线。

2．工程量计算规则

（1）全站接地以"100m"为计量单位。

（2）阴极保护井、接地深井埋设分别以"口"或"根"为计量单位。

（3）接地模块、电子设备防雷接地以"个"为计量单位。

（4）降阻剂以"100kg"为计量单位。

（5）离子接地极以"套"为计量单位。

3．定额调整说明

（1）铜接地（铜包钢、铅包铜）按全站接地子目乘以系数 1.20 计算。

（2）接地深井埋设按 50m 一根考虑，长度不同时可按深井实际长度进行调整。

4．未计价材料

接地母线、接地极、石墨电极、电子设备防雷接地装置、接地引下线、降阻剂、接地模块、铁件镀锌。

5．其他说明

（1）全站接地包括了接地母线敷设、接地极制作安装、接地跨接线安装等工作内容，使用时不分户内与户外均执行该定额，但计算安装工程量时应以接地的主母线延长米计算，不得再计算设备接地引连线、接地跨接线及接地极等的工作量。

（2）接地深井的埋设中不包括降阻剂的敷设，发生时应单独计算。

第 2 节　避雷针接地引下线安装、避雷网安装

1．工作内容

（1）避雷针接地引下线安装包括测量、下料、引连线安装。

（2）避雷网安装包括测量、下料、避雷线敷设。

2．工程量计算规则

（1）避雷针接地引下线安装、避雷网安装以"100m"为计量单位。

（2）构架接地以"处"为计量单位。

3．未计价材料

接地引下线、铁件镀锌。

4．其他说明

构架接地包括各类进出线、母线等构架，定额不区分构架高低。设备支架、底座的接地包括在设备安装定额中。

三、案例

案例 7-1　某一 110kV 变电站进行地网改造，材料见表 7-1。

表 7-1　　　　　　材　料　表

序号	设备材料名称	型号及规格	单位	数量
1	水平接地紫铜绞线	TJ-120	m	1900

序号	设备材料名称	型号及规格	单位	数量
2	综合楼避雷带及引下线圆钢	$\phi16$	m	1000
3	铜镀钢垂直接地体	$\phi14.2$ 铜镀钢（$L=2440$）	根	60
4	户内均压带	TMY-40×3	m	800
5	设备接地扁钢	−50×5	m	600
6	离子阵列电解地极	$L=9m$	根	10
7	补偿装置		套	4
8	降阻剂		吨	8

定额直接费计算见表 7-2。

表 7-2　　　　技术改造安装工程概算表

金额单位：元

编制依据	项目名称	单位	数量	安装单价		安装合价	
				定额基价	其中人工	费用金额	其中人工
GQ7-1	全站接地	100m	27.00	1787.18	1389.31	48254	37511
GQ7-8	避雷接地引下线安装 沿混凝土结构（高度 m）25	100m	10.00	416.60	231.64	4166	2316
GQ7-5	全站接地 离子接地极	套	10	354.08	256.20	3541	2562
GQ7-3	全站接地 接地模块	个	4	117.38	112.25	470	449
GQ7-4	全站接地 降阻剂	100kg	80.00	122.59	59.06	9807	4725
	小计					66237	47564

备注：1．接地母线敷设不再区分敷设地点及材料，统一执行全站接地定额。

　　　2．接地极安装已综合在接地母线敷设中，不应再计算安装费，但材料费需另计。

　　　3．设备接地扁钢的安装费已计列在相应设备安装定额中，不应再单独计算安装费。

　　　4．对于变电站接地网阻抗测试的特殊试验，需另外执行调试册定额进行计列。

　　　5．本案例中未计列设备、未计价材料及分系统调试、整套启动调试和特殊调试的费用。

第 8 章　换流站设备

一、主要内容及范围

本章定额包括技改安装工程的 ±800kV 及以下换流站阀厅设备中晶闸管整流阀塔、阀避雷器/阀桥避雷器、极线电流测量装置、接地开关、高压直流穿墙套管、中性点设备安装；换流变压器、换流变压器网侧套管、换流变压器阀侧套管、换流变压器储油柜、散热器和分接开关安装；交流噪声滤波电容器塔、交流噪声滤波电容器、交流滤波电容器塔、交流滤波低压设备、直流隔离开关、直流断路器、直流分压器、直流避雷器、直流电流测量装置、直流噪声滤波器、直流电抗器、直流电容器、直流滤波器安装，阀冷却系统设备、管道及其附件的安装，分为 5 个小节，共 134 个子目。

二、未包括内容

（1）基础槽钢或角钢的安装、埋设，设备支架及防雨罩的制作、安装，金属平台和爬梯的制作、安装。如实际发生，执行第 5 章相应定额。

（2）设备本体电缆的安装。如实际发生，执行第 6 章相应定额。

（3）设备的二次喷漆工作。如实际发生，执行预算册第 5 章相应定额。

三、定额使用说明

第 1 节　阀厅设备安装

1．工作内容

（1）晶闸管整流阀塔安装包括：阀塔本体安装及相邻的设备连线安装，阀避雷器本体安装及相邻设备引连线安装，阀间铝管母线安装，单体调试等。

（2）阀桥避雷器安装包括：本体及至相邻设备连线的安装、单体调试等。

（3）极线电流测量装置安装包括：本体及至相邻设备连线的安装，单体调试等。

（4）接地开关安装包括：本体及至相邻设备连线的安装，单体调试等。

（5）中性点设备（直流避雷器、直流分压器、直流穿墙套管）安装包括：本体及至相邻设备连线的安装，单体调试等。

2．工程量计算规则

（1）晶闸管整流阀塔安装，以"组"为计量单位。

（2）阀桥避雷器、极线电流测量装置、阀厅内接地开关、中性点设备（直流避雷器、直流分压器、电流测量装置、母线接地开关）的安装，以"台"为计量单位。

（3）高压直流穿墙套管、中性点设备（直流穿墙套管）的安装，以"个"为计量单位。

3．定额调整说明

阀厅内主母线和中性母线的安装，使用时套用本册第 3 章定额的相应子目。

4．未计价材料

导线、管型母线、带型母线、金具、绝缘子、光缆、光缆槽盒、光缆配件、设备接地引线等。

5．其他说明

阀厅内设备按进口设备为主考虑。

第 2 节　换流变压器安装

1．工作内容

（1）换流变压器安装包括：换流变压器的本体安装，油过滤，汇控箱（端子箱）安装，引连线安装，单体调试等。

（2）换流变压器附件安装包括：本体及至相邻设备连线

的安装，单体调试等。

2．工程量计算规则

（1）换流变压器安装，以"台"为计量单位。

（2）换流变压器套管、储油柜、散热器、分接开关等附件的安装，均以"台"为计量单位。

3．定额调整说明

换流变压器回路内的交流避雷器、中性点设备、主母线、中性母线的安装，使用时执行本册第2章和第3章相应定额。

4．未计价材料

设备的接地引线材料。

5．其他说明

换流变压器安装中，防地震措施的制作安装，换流变压器套管进阀厅孔洞的临时封堵等，都未包含在安装定额中，另计费用。

换流变压器安装，不包括设备的一次运输卸货工作，此工作按大件运输考虑。

第3节　交流滤波装置安装

1．工作内容

（1）本章定额中交流滤波装置安装包括：交流噪声滤波电容器塔、交流噪声滤波电容器、交流滤波电容器塔和交流滤波低压设备的安装。

（2）交流滤波装置的设备安装包括：本体及至相邻设备连线的安装，单体调试等工作。

2．工程量计算规则

（1）交流噪声滤波电容器塔、交流噪声滤波电容器的安装，以"组/三相"为计量单位，三相为一组。

（2）交流滤波电容器塔的安装，以"座"为计量单位。

（3）交流滤波低压设备安装，以"台"为计量单位。

3．未计价材料

光缆、光缆槽盒、光缆配件、设备接地引线等。

第4节　直流配电装置安装

1．工作内容

（1）本章定额中直流配电装置的安装包括：直流隔离开关、直流断路器、直流分压器、直流避雷器、直流电流测量装置、直流噪声滤波器、直流电抗器、直流电容器、直流滤波器的安装。

（2）直流配电装置设备的安装包括：本体及至相邻设备连线的安装，单体调试等工作。

2．工程量计算规则

直流隔离开关、直流断路器、直流分压器、直流避雷器、直流电流测量装置、直流噪声滤波器、直流电抗器、直流电容器、直流滤波器的安装，以"台"为计量单位。

3．未计价材料

导线、带型母线、金具、设备接地引线等。

4．其他说明

平波电抗器安装中不包含一次运输的卸车工作，此工作按大件运输考虑。

第5节　阀冷却系统安装

1．工作内容

（1）本章定额中阀冷却系统安装包括：冷却系统中的内冷水系统、外冷水系统、水处理系统、工业水系统和主水管道的安装等工作。

（2）内冷水系统安装包括：水泵、过滤器、离子交换器、膨胀罐、脱气罐、补水箱、高位水箱、变频器、软启动器、电加热器、除氧加压装置、水冷管道、传感器和表计的安装，内冷水系统补水，内冷水系统调试，加压试验等。

（3）外冷水系统安装包括：喷淋泵、喷淋泵出水过滤器、冷却塔、变频器、水冷管道、传感器和表计的安装，外冷水系统调试，加压试验等。

（4）水处理系统安装包括：超滤装置、反渗透装置、清洗装置、砂滤装置、加药装置、变频器、管道、传感器和表计的安装，水处理系统调试，加压试验等。

（5）工业水系统安装包括：工业水泵、工业水泵出水过滤器、变频器、管道、传感器和表计的安装，工业水系统调试，加压试验等。

（6）不锈钢管道安装包括：管道及管件安装、阀门及补偿器（伸缩节）安装、管道冲洗等。

2．工程量计算规则

（1）水冷系统中，内冷水系统、外冷水系统、水处理系统工业水系统设备的安装，均以"套"为计量单位。

（2）主水不锈钢管道的安装，以"100m"为计量单位。

3．定额调整说明

（1）阀冷却系统的电缆及光缆的制作和安装，发生时执行本册第6章相应定额。

（2）喷淋水池及工业水池技改，发生时执行本册本章相应定额。

（3）阀冷却系统的端子箱、控制柜制作、安装，发生时执行本册第4章相应定额。

4．未计价材料

阀冷却系统的光缆、光缆槽盒、光缆配件、设备接地引线等。

四、工程案例

案例 8-1 某±500kV 换流站阀冷却系统技改项目。发生工作量：外冷水系统技改 2 套，冷却容量为 6000kW；安装不锈钢管道 200m，管道通径 300mm。

定额直接费计算见表 8-1。

表 8-1　　　　　技术改造安装工程概算表

编制依据	项目名称	单位	数量	安装单价		安装合价	
				定额基价	其中人工	费用金额	其中人工
GQ8-125	阀冷却系统安装　外冷水系统安装　最大冷却容量≤6000kW	套	2	70950.06	22017.00	141900	44034
GQ8-133	阀冷却系统安装　不锈钢管道安装　管道通径≤300mm	100m	2.00	30541.51	8480.00	61083	16960
	小计					202983	60994

第三册 通信工程

册　说　明

一、2015 年版技改通信概算定额的相关术语

1. 光纤同步数字体系（SDH）光传输设备

光纤同步数字体系，是为实现在物理传输网络中传送经适当配置的信息而标准化的数字传输结构体系。它由一些网络单元组成，可在光纤上进行同步信息传输、复用和交叉连接。

2. 终端复用器（TM）

终端复用器用在网络的终端站点上，它是一个双端口器件。它的作用是将支路端口的低速信号复用到线路端口的高速信号 STM-N 中，同时将 STM-N 中的信号分接成低速支路信号。线路端口仅输入/输出一路 STM-N 信号，而支路端口却可以输出/输入多路低速支路信号。在将低速支路信号复用进 STM-N 帧（线路）上时，有一个交叉的功能。

3. 分插复用器（ADM）

分插复用器用于 SDH 光传输系统网络的转接站点处，例如链路的中间节点或环上节点，是 SDH 网络上使用最多、最重要的一种网元，ADM 有两个线路端口和一个支路端口，ADM 的作用是将低速支路信号交叉复用到线路上去，同时将线路信号分接成低速支路信号，另外还可将两个线路侧的 STM-N 信号进行交叉连接。

4. 基本子架及公共单元盘

子架一般分为出线板区、处理板区和风扇区，出线板区可以插各种出线板，定额中的调测基本子架及公共单元盘是指对原有光端机扩容时除新增板卡外所进行的调试。

5. 密集型光波复用设备（DWDM）

密集型光波复用是能将不同波长的光波组合在一起，在一根光纤中，多路复用单个光纤载波的紧密光谱间距，提高光纤利用率，增大传输容量。

6．脉冲编码调制设备（PCM）

脉冲编码调制是将模拟信号（如语音信号）经过抽样、量化和编码三个过程转化为数字信号再传给对方，对接收到的数字信号经过再生、解码和滤波，把数字信号还原为原来的模拟信号的通信技术。PCM 具备数据与语音等多业务综合接入功能，在传输中采用并行数字交换技术与灵活的时隙交叉连接技术完成不同流向的业务调度。

7．无源光网络（PON）

无源光网络（PON）即在光线路终端（OLT）和光网络单元（ONU）之间的光分配网（ODN），是一种纯介质网络。无源光网络技术广泛应用于电力系统配网自动化中，E/GPON 以太无源光网络技术，采用点到多点结构、无源光纤传输，在以太网上提供多种业务。

8．光线路终端（OLT）

OLT 是 PON 光纤网络主站处的终端，属于接入网的业务节点侧设备，与路由器（交换机）相连，主要由业务接口与协议处理模块、光传输模块和后管理模块组合而成。一般放置在中心机房内，是整个 E/GPON 系统的核心设备，提供整个 E/GPON 系统与其他系统的数据业务接口。

9．光网络单元（ONU）

ONU 提供对用户的散出连接。以 EPON 为例，每条 PON 中继线最多可支持 32 次分路和 64 个 ONU。用户与 ONU 的连接可以使用同轴电缆、双绞线、光缆，甚至是无线连接。ONU 属于接入网的用户侧设备，负责用户数据的转发及选择性接收 OLT 转发的广播数据，为用户提供电话、数据通信、图像等各种业务接口，主要由业务接口与协议处理模块、光传输模块、电源及环境监控模块组成。

10．配线架

配线架有时也称分配架，是通信设备间连接的一个重要辅助设备，主要起设备及用户间连接、分配的纽带作用，配线架按功能可细分为光纤配线架、数字配线架、音频配线架、网络配线架。

11．光缆

一种由单根光纤、多根光纤或光纤束加上外护套制成，满足光学特性、机械特性和环境性能指标要求的缆结构实体。光缆按种类分可分为普通光缆和电力特种光缆。普通光缆按敷设方式不同可分为架空光缆、管道光缆、直埋光缆、水底光缆和海底光缆。电力特种光缆主要为全介质自承式光缆（ADSS 光缆）、架空地线复合光缆（OPGW）、相线复合光缆（OPPC）、光纤复合低压电缆（OPLC）。

12．中继光缆

定额中按用途分类的光缆，是用于传输设备间的中继连接，传输速率大于等于 155Mbit/s，对传输性能指标、传输距离、安装工艺、工程验收、运行维护等要求较高。例如变电站之间、变电站与主站之间连接的 OPGW、ADSS、OPPC 及普通架空和管道光缆等。

13．用户光缆

定额中按用途分类的光缆，是用于用户和用户之间或用户与传输设备之间的业务连接，对传输性能指标、传输距离、安装工艺、工程验收、运行维护等要求相对较低。例如保护继电器与通信光传输设备之间的普通光缆及智能电网中用于信息传送的光缆和办公大楼内用于信息传送的光缆等。

二、2015 年版技改通信概算定额的适用范围

本标准针对 0.4～1000kV 电网技术改造工程特有内容进行编制，本定额适用于电力专用通信网通信设备和通信线路的技术改造工程。

本定额是 0.4kV～1000kV 电网技术改造工程计划及概算算编制的依据，也是技术改造工程最高投标限价编制和投标报价的参考依据。

三、2015 年版技改通信概算定额的编制基础及主要依据

本定额是根据国家和国家有关部门发布的设计标准、技术规程、规范、质量评定标准和安全技术操作规程,按技术改造工程的施工条件及施工组织设计进行编制的。

四、2015 年版技改通信概算定额的编制原则

本定额所指的技术改造是指在不改变原有平面布置、主体结构和整体工艺系统形式的情况下,以提高生产性能和增加其稳定性、安全性和可靠性为目的,针对生产工艺系统或生产设施中的原有设备、装置进行的更新、改造。

本定额所指的技术改造工程是指全额使用技术改造资金,并且独立列项的技术改造项目。技术改造工程的对象是已形成固定资产的生产工艺系统或生产设施。

(1)在费用项目和内容上充分考虑了现行的国家相关法律、法规和国家各行政主管部门的行政规章。

(2)在编制原则和项目划分方面,充分考虑了项目管理模式和招投标工作模式。

(3)在此基础上,结合当前电力体制下,电网技术改造工程参建各方在工程过程中所承担的职责、任务,以及各种类型项目管理模式的不同特点,对各项内容进行了认真调研和反复推敲、测算,设置了电网技术改造工程的基本框架和内容,并且按照国家和电力行业规定的标准格式,在内容编排上进行了统一规范,体现了技术改造工程预算编制体系的适用性和时效性。

(4)本定额是按国内大多数施工企业采用的施工方法、机械化程度和合理劳动组织进行制定的。

(5)本定额是按正常的施工条件下编制的。

正常的施工条件是指材料、成品、半成品、构件等均完整无损,符合质量标准和设计要求,附有合格证书和试验记

录，以及正常的气候、地理条件和施工环境。

（6）定额考虑的工作内容。

1）进场及开工前的准备，场地清理，工作票、措施票的开具。

2）安装区域安全警戒设施的设置。

3）施工完成后的恢复、清理。

（7）定额人工数量确定原则。

1）定额内工日均包括与单体、系统联调之间相互配合的用工。

2）定额中每个工日按 8h 工作制计算。

3）定额工日消耗量中已包括安全监护用工，以及因施工场地狭小、临近设备带电而引起的人工、机械降效。

（8）定额材料数量确定原则。

1）定额中的材料用量已包括运输损耗和施工过程中的损耗。

2）施工过程中所用的周转性材料（如枕木、脚手架等）均按摊销量计列。

（9）定额机械数量确定原则。

1）定额中的机械是按正常合理的机械配备综合取定的，如实际与定额不一致时，除各册另有说明外，均不做调整。

2）定额中未包括单位价值在 2000 元以内、使用年限在两年以内的不构成固定资产的工具、用具。

五、2015 年版技改通信概算定额的主要内容

本册内容包括光纤通信数字设备，同步网设备，通信电源设备，微波通信设备，电力载波设备，辅助设备，设备电缆，程控交换设备，监控设备、电子围栏、门禁系统，会议电话、会议电视设备，数据网设备，卫星通信甚小口径地面站（VSAT）设备，通信线路，公共设备，通信业务 15 个章节，共 250 条子目。定额内容包括总说明、册说明、章节说明、定额项目表等。

六、2015 年版技改通信概算定额的未包括内容

1．管道支吊架、电缆桥架等金属构件的制作安装。

2．安装设备所需混凝土基础的浇制。

3．土石方工程、工地运输。

4．机房照明灯具、消防器材等的安装。

5．OPGW（光纤复合架空地线）光缆架设。

6．为了保证安全生产和符合环保要求而在施工过程中所采取特殊措施所发生的费用。

7．机房接地网及环形地母线的制作安装。

七、其他说明

1．同一定额有两个及以上调整系数时，各调整系数间是相加关系，不得连乘。

2．定额中凡采用"××以内"或"××以下"者均应包括"××"本身，凡采用"××以上"或"××以外"者，均不包括"××"本身。

第1章　光纤通信数字设备

一、主要内容及范围

本章包括光纤准同步数字（PDH）传输设备安装调测、监控系统调测及运行试验，光纤同步数字（SDH）传输设备安装调测，光纤同步数字（SDH）传输设备网管安装调测及运行试验，数字通信通道调测，密集波分复用设备（DWDM）安装调测，密集波分复用设备（DWDM）系统通道调测，数字交叉连接设备安装调测，无源光网络设备安装调测，无线接入设备安装调测，中低压载波设备安装调测，分为 10 个小节，共 36 个子目。

二、未包括内容

（1）设备之间连接缆线敷设，使用时套用本册第 7 章相关子目。

（2）与外部通道相连的通信光缆敷设，使用时套用本册第 13 章相关子目。

三、2015 版较 2010 版定额的主要变化

本章内容均为新增。

四、定额使用说明

第1节　光纤准同步数字（PDH）传输设备安装调测、监控系统调试及运行试验

1．工作内容

（1）开箱检验、清洁搬运、设备标识、安装接口盘、接地、固定光纤活接头、检查核对架内架间电缆、通电检查、单机性能测试、自环测试等。

（2）安装调测监控设备：开箱检查、清洁搬运、安装设备、硬件检查、修改数据、试通调试等。

（3）监控系统运行试验等。

2．工程量计算规则

复用电端机包含了递级复用和跳级复用，单位为"端"，递级复用是指相邻两个传输速率之间的复用，如 2Mbit/s～8Mbit/s、8Mbit/s～34Mbit/s、34Mbit/s～140Mbit/s 的 PDH 复用设备，包括 4 个低速侧电口和 1 个高速侧电口；跳级复用是指非相邻两个传输速率之间的复用，如 2Mbit/s～34Mbit/s 的 PDH 复用设备，包括 1 个 34Mbit/s 电口和 16 个 2Mbit/s 支路电口。

第 2 节　光纤同步数字（SDH）传输设备安装调测

1．工作内容

（1）开箱检验、清洁搬运、设备标识、安装接口盘、接地、固定光纤活接头、检查核对架内架间电缆、通电检查、单机性能测试、自环测试等。

（2）交叉、网管、公务、时钟、电源等除群路、支路、光放盘以外的所有内容的机盘测试。

（3）接口盘、光功率放大器、转换器的安装、通电检查、单机性能测试、自环测试等。

2．工程量计算规则

安装调测光纤同步数字（SDH）传输设备，以"端"为计量单位。每一计量单位包含 2 个高阶光口。

当工作内容超过定额本身包括的范围时，增加相应数量、相应速率的安装调测传输设备接口单元盘定额子目。在新上光端机上增加接口单元盘，套用相应的接口单元盘子目。在已有光端机上增加接口单元盘，除安装调测接口单元盘、套用相应的接口单元盘子目外，还需对已有光端机基本子架及公共单元盘进行调测，套用调测基本子架及公共单元盘子目。但是同一台光端机上无论增加的接口单元盘的数量、种类多少，都只套用 1 次调测基本子架及公共单元盘子目。

3．定额调整说明

（1）SDH 光端机子目包含了 SDH 光端机安装调测、复用设备系统调测。扩装板卡后所需的复用设备系统调测已综合在相关子目中。

（2）光功率放大器包括相关控制设备，综合考虑了掺铒光纤、拉曼、遥泵等类型，无特殊要求定额不做调整。

（3）转换器子目包括光转换器、协议转换器。

（4）PTN 设备的安装调测参照 SDH 设备子目套用。

（5）光纤通信数据设备安装调测子目 10Gbit/s、2.5Gbit/s、622Mbit/s 系统按 1＋0 状态编制。当系统为 1＋1 状态时，每端增加 4 个技工工日。

（6）光纤通信数字设备安装调测定额子目是综合各种方式编制的，使用时不得因安装场地、生产厂家的不同而调整。

第 3 节　光纤同步数字（SDH）传输设备网管安装调测及运行试验

1．工作内容

（1）安装调测网管系统：开箱检查、清洁搬运、设备安装固定、设备自检、修改数据、试通调试等。

（2）网管管理系统运行试验。

2．工程量计算规则

网络管理系统以"套"为计量单位。

3．定额调整说明

（1）网络管理系统安装包括：SNM、EM、X 终端和本地终端设备的安装，网管线、数据线、电源线的布放。

（2）安装测试密集波分复用设备的网管系统套用 SDH 网管系统定额子目。

（3）在已有 SDH 光传输设备上增加单元接口盘，并通过网络管理系统安装调测，套用定额"网络管理系统（本地维护终端）"GT1-12 子目。对新上 SDH 光端机，通过网络管理系统安装调测，套用定额"网络管理系统（网元级）"GT1-13 子目。本地维护终端、网络管理系统网元级子目，已包含了相对应的网络级部分的工作量,不再重复套用网络管理系统（网络级）子目。

（4）在网管中心进行网络管理系统安装调测，套用定额"网络管理系统（网络级）"GT1-14 子目，在同一网络内无论光端机数量多少，都只能套用 1 次。

第 4 节　数字通信通道调测

1．工作内容

（1）系统误码特性、系统抖动、系统光功率测试。

（2）告警、检测、倒换功能、公务操作检查、接口测试等。

（3）数据记录、填写调试报告。

2．工程量计算规则

SDH 光端机调试时的数字线路段光端对测，以"端"为计量单位，一收一发为一端，只包含本端至对端的测试，对端至本端的测试应另外计列。

3．定额调整说明

（1）光纤设备调试配合子目综合了光、电调测中间站配合的光纤跳接配合工作和光纤设备远端监控配合的工作内容，按需要中间光纤跳接配合的站点计列。

（2）保护倒换测试指的是光传输设备本身的保护倒换测试，一个环内无论站点数量多少只计 1 次。

第 5 节　密集波分复用设备（DWDM）安装调测

1．工作内容

开箱检查、清洁搬运、安装机盘、固定机盘间接头、接地、检查核对架内架间电缆、通电检查、单机性能测试等。

2．工程量计算规则

波分复用器、波长转换器以"端"为计量单位。

3．定额调整说明

（1）密集波分复用器安装调测定额子目包括合波器、分波器的安装与调试。

（2）OTN 设备的安装调测参照密集波分复用设备子目套用。

第 6 节　密集波分复用设备（DWDM）系统通道调测

1．工作内容

（1）对信噪比、中心频率、误码率、抖动等各种性能进行调测。

（2）数据记录、填写调试报告。

2．工程量计算规则

（1）线路段光端对测以"方向/系统"为计量单位。

（2）光通道调测以"方向/波道"为计量单位。

第 7 节　数字交叉连接设备

1．工作内容

开箱检查、清洁搬运、安装机盘、检查核对机架间电缆、本机性能测试等。

2．工程量计算规则

数字交叉连接设备（DDN）以"套"为计量单位。

第 8 节　无源光网络设备安装调测

1．工作内容

开箱检查、清洁搬运、安装固定、调整水平、固定连线、通电检查、单机性能调测、系统联调、数据记录、填写调试报告等。

2．工程量计算规则

无源光网络设备安装调测中的数字线路段光端对测以"段"为计量单位，一段包含了两端的收发。

第9节　无线接入设备安装调测

1．工作内容

开箱检查、清洁搬运、安装固定、调整水平、固定连线、通电检查、单机性能调测、系统联调、数据记录、填写调试报告等。

2．工程量计算规则

（1）无线设备以"套"为计量单位。

（2）系统联调以"系统"为计量单位。

3．定额调整说明

（1）无线设备包括塔上信息采集装置、无线/有线信号转换装置和仅进行无线信号中继的设备。

（2）输电线路在线监测采用无源光网络方式、无线方式传输信号时，光分路器、光网络单元、光线路终端、无线设备安装在铁塔或输电线路上时，子目按人工费乘以系数 1.5 调整。

第10节　中低压载波设备安装调测

1．工作内容

开箱检查、清洁搬运、划线定位、安装加固机架、接地、通电检查、单机性能测试、通道测试、设备联调、数据记录、填写调试报告。

2．工程量计算规则

（1）中低压载波设备以"套"为计量单位。

（2）系统联调以"系统"为计量单位。

五、工程案例

案例 1-1 某工程在 A 变电站安装 1 端 10Gbit/s 分插复用器（ADM）（本期开通 3 个光方向，其中对 B、C 站点开通 2.5Gbit/s 的光方向，对 D 站点开通 622Mbit/s 的光方向），在 B 变电站安装 1 端 10Gbit/s 终端复用器（TM）（本期开通对 A 站点的 2.5Gbit/s 光方向），在 C 变电站原有 SDH 设备上增加 1 块 2.5Gbit/s 接口盘（本期开通对 A 站点的 2.5Gbit/s 光方向），在 D 变电站原有 SDH 设备上增加 1 块 622Mbit/s 接口盘（本期开通对 A 站点的 622Mbit/s 光方向）。在 A 站点与 B、C、D 站点之间分别进行系统联调。系统组织图如图 1-1 所示。

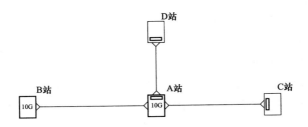

图 1-1　系统组织图

则按如下方法套用定额（本章未包括内容应另套子目）：

A～D 站点技术安装工程概算见表 1-1～表 1-4。

表 1-1　　　A 站点技术改造安装工程概算表

金额单位：元

编制依据	项目名称	单位	数量	安装单价		安装合价	
				定额基价	其中人工	费用金额	其中人工
GT1-6	SDH 光端机 622Mbit/s 以上	端	1	2887.21	1074.29	2887.21	1074.29
GT1-8	接口单元盘（SDH）光口	块	1	323.69	117.42	323.69	117.42
GT1-13	网络管理系统（网元级）	套	1	3488.72	3111.63	3488.72	3111.63
GT1-15	数字线路段光端对测	端	3	924.82	176.13	2774.46	528.39
	小计					9474.08	4831.73

表 1-2　　　B 站点技术改造安装工程概算表

金额单位：元

编制依据	项目名称	单位	数量	安装单价		安装合价	
				定额基价	其中人工	费用金额	其中人工
GT1-6	SDH 光端机 622Mbit/s 以上	端	1	2887.21	1074.29	2887.21	1074.29
GT1-8	接口单元盘（SDH）光口	块	1	323.69	117.42	323.69	117.42
GT1-13	网络管理系统（网元级）	套	1	3488.72	3111.63	3488.72	3111.63
GT1-15	数字线路段光端对测	端	1	924.82	176.13	924.82	176.13
	小计					7624.44	4479.47

表 1-3　　　　C 站点技术改造安装工程概算表

金额单位：元

编制依据	项目名称	单位	数量	安装单价		安装合价	
				定额基价	其中人工	费用金额	其中人工
GT1-7	调测基本子架及公共单元盘	套	1	875.24	180.51	875.24	180.51
GT1-8	接口单元盘（SDH）光口	块	1	323.69	117.42	323.69	117.42
GT1-12	网络管理系统（本地维护终端）	套	1	623.48	587.1	623.48	587.1
GT1-15	数字线路段光端对测	端	1	924.82	176.13	924.82	176.13
	小计					2747.23	1061.16

表 1-4　　　D 站点技术改造安装工程概算表

金额单位：元

编制依据	项目名称	单位	数量	安装单价		安装合价	
				定额基价	其中人工	费用金额	其中人工
GT1-7	调测基本子架及公共单元盘	套	1	875.24	180.51	875.24	180.51
GT1-8	接口单元盘（SDH）光口	块	1	323.69	117.42	323.69	117.42
GT1-12	网络管理系统（本地维护终端）	套	1	623.48	587.1	623.48	587.1
GT1-15	数字线路段光端对测	端	1	924.82	176.13	924.82	176.13
	小计					2747.23	1061.16

第2章　同步网设备

一、主要内容及范围

本章包括通信数字同步网设备安装调测，变电站（电厂）数字同步设备安装调测，分为 2 个小节，共 11 个子目。

二、未包括内容

设备之间连接电缆（线）敷设，使用时套用本册第 7 章相关子目。

三、2015 版较 2010 版定额的主要变化

本章内容均为新增。

四、定额使用说明

第 1 节　通信数字同步网设备安装调测

1．工作内容

（1）开箱检验、清洁搬运、定位安装、插装机盘、接地、通电检查、单机性能测试。

（2）卫星天线、馈线安装与调测、接头制作。

（3）对设备进行联调，数据记录、填写调试报告。

2．工程量计算规则

（1）频率同步时钟系统（BITS）、基准时钟（铯钟）、卫星接收机、网络时间协议设备（NTP）以"台"为计量单位。

（2）监控管理中心网管、本地监控终端网管、网络时间协议设备（NTP）以"套"为计量单位。

3．定额调整说明

通信数字同步网设备安装调测是指通信主站的频率同步网设备安装调测。

第2节 变电站（电厂）数字同步设备安装调测

1．工作内容

（1）开箱检验、清洁搬运、定位安装、插装机盘、接地、通电检查、单机性能测试。

（2）卫星天线、馈线安装与调测、接头制作。

（3）对设备进行联调，数据记录、填写调试报告。

2．工程量计算规则

时钟屏、卫星接收机以"台"为计量单位。

3．定额调整说明

（1）变电站（电厂）数字同步设备安装调测是指变电站、电厂的厂站内时间同步设备安装调测。

（2）卫星接收设备，以"台"为计量单位。包含了卫星接收机安装调测、接收天线、馈线布放工作量，并且无论对应何种卫星均套用此定额，不作调整。

第 3 章　通 信 电 源 设 备

一、主要内容及范围

本章包括蓄电池安装调测、蓄电池在线监测设备安装调测、开关电源安装调测、配电设备安装调测、其他电源设备安装调测，分为 5 个小节，共 13 个子目。

二、未包括内容

（1）设备之间连接缆线敷设，使用时套用本册第 7 章相关子目。

（2）蓄电池柜基础槽钢，使用时套用《电网技术改造工程概算工程 第二册 电气工程》相关子目。

（3）蓄电池补充电及容量试验所用电量的电费。

三、2015 版较 2010 版定额的主要变化

本章内容均为新增。

四、定额使用说明

第 1 节　蓄 电 池 安 装 调 测

1．工作内容

（1）蓄电池柜：开箱检验、清洁搬运、划线定位、安装固定、加固、补刷耐酸漆等。

（2）蓄电池：开箱检查、清洁搬运、安装电池、调整水平、固定连线。

（3）补充电、放电、测试记录、清洁整理。

2．工程量计算规则

蓄电池安装调测以"组"为计量单位。

3．定额调整说明

（1）48V 阀控式密封铅酸蓄电池子目包含蓄电池柜、蓄

电池安装调测、补充电、容量试验的工作内容。

（2）蓄电池选型为阀控式密封铅酸蓄电池，其他类型免维护蓄电池均使用此定额。

（3）1000Ah 以上大容量蓄电池采用并联方式安装的，并联部分套用相应子目乘系数 0.8。

第 2 节　蓄电池在线监测设备安装调测

1．工作内容

开箱检验、清洁搬运、划线定位、安装固定、设备接地、通电检查、调整水平、固定连线、蓄电池性能调测等。

2．工程量计算规则

蓄电池在线监测设备以"组"为计量单位。

第 3 节　开关电源安装调测

1．工作内容

（1）开箱检查、清洁搬运、划线定位、安装固定、设备接地、调整垂直、水平、安装附件、绝缘测试、通电前检查、单机主要电气指标性能调测等。

（2）电池监视、电压分配、测量电池温度变化的补偿控制浮充电压，自动升压充电和升压充电持续时间的控制（电池状态监控功能、电池工作状态的检查、电池自动充电程序控制均衡充电），整流器、分配保险、线路故障监测及各种信号告警特性，电池放电电流控制，预防电池深放电控制、杂音电压、手动工作性能，并机性能等。

2．工程量计算规则

高频开关电源屏以"面"为计量单位。

3．定额调整说明

（1）高频开关电源屏子目包含开关电源屏安装调测、开关电源系统调测。

（2）如在原有开关电源上扩容或更换模块，套用高频开关整流模块子目。

第4节　配电设备安装调测

1．工作内容

（1）开箱检查，清洁搬运，划线定位，安装固定，设备接地，调整垂直、水平，盘间连线，绝缘测试，检查盘内压降，测试调整。

（2）配电系统自动性能调测。

（3）人工倒换供电，监测、监控性能，自动装置调测。

2．工程量计算规则

配电屏以"台"为计量单位。

3．定额调整说明

配电屏子目包含配电屏安装调测、配电设备系统调测。

第5节　其他电源设备安装调测

1．工作内容

开箱检查、清洁搬运、划线定位、安装固定、设备接地、安装附件、测试调整等。

2．工程量计算规则

（1）电源变换器、浪涌保护器以"台"为计量单位。

（2）UPS 三相不停电电源以"套"为计量单位。

五、工程案例

案例 3-1　某通信电源工程安装 2000Ah 容量蓄电池组，采用 2 组 1000Ah 蓄电池并联方式安装，技术改造安装工程概算见表 3-1。

表 3-1 技术改造安装工程概算表

金额单位：元

编制依据	项目名称	单位	数量	安装单价		安装合价	
				定额基价	其中人工	费用金额	其中人工
GT3-2	48V 阀控式密封铅酸蓄电池 1000Ah 以下	组	1	2077.52	1400.39	2077.52	1400.39
GT3-2×0.8	48V 阀控式密封铅酸蓄电池 1000Ah 以下	组	1	1662.02	1120.31	1662.02	1120.31
	小计					3739.54	2520.70

第4章 微波通信设备

一、主要内容及范围

本章包括抛物面天线安装调测，微波馈线、微波设备安装调测，微波数字段测试、全电路测试，分为3个小节，共9个子目。

二、未包括内容

1．避雷装置安装，使用时套用《电网技术改造工程概算工程 第二册 电气工程》相关子目。

2．铁构件制作安装，使用时套用《电网技术改造工程概算工程 第二册 电气工程》相关子目。

3．微波铁塔的组立、铁塔基础的浇筑、铁塔接地部分，使用时套用《电网技术改造工程预算工程 第三册 输电线路工程》相关子目。

4．设备之间电缆（线）敷设，使用时套用本册第7章相关子目。

三、2015版较2010版定额的主要变化

本章内容均为新增。

四、定额使用说明

第1节 抛物面天线安装调测

1．工作内容

（1）天线和天线架的搬运、安装及吊装，天线安装就位，调正天线方位和俯仰角、补漆，吊装设备的安装、拆除。

（2）调测天线接收场强电平及天线驻波比、极化去耦，数据记录、填写调试报告。

2．工程量计算规则

抛物面天线安装调测以"面"为计量单位，是指φ4m以

下抛物面天线安装调测，安装高度均指天线底部距地面的高度。

3．定额调整说明

（1）抛物面天线楼顶上安装已包括天线由地面吊运至楼顶的搬运用工。

（2）铁塔上安装天线，不论有无操作平台均按本定额执行。

（3）微波天线安装调测（楼顶上）仅指楼顶平面，如在楼顶铁塔上安装应另增加对应的铁塔上安装调测定额。

第2节　微波馈线、微波设备安装调测

1．工作内容

（1）开盘检查、清洁搬运、丈量匹配、馈线调整固定、馈线接地、馈线头制作、组装和安装调测分路系统。

（2）测试馈线损耗、驻波比，调测馈线系统极化去耦，数据记录、填写调试报告。

（3）开箱检查、清洁搬运、核对预留孔洞、设备定位画线、安装设备、接地、通电检查、单机性能测试、数据记录、填写调试报告等。

2．工程量计算规则

馈线安装调测以"条"为计量单位。使用中不论馈线长度，均按本定额执行。

3．定额调整说明

（1）馈线安装已包括馈线的固定卡及接地件安装。

（2）微波馈线安装所消耗的机械台班已在抛物面天线安装调测子目中综合考虑。

（3）微波设备安装调试各子目是按"1＋1"系统考虑，同样适用于"1＋0"或"2＋0"系统，套用定额子目时不作调整。

第3节 微波数字段测试、全电路测试

1．工作内容

（1）对测时延、幅频特性，用逐站环测的方法，检查各中继段传输性能是否正常，进行处理，数据记录、填写调试报告。

（2）全电路主通道测试：误码率及抖动等指标。

（3）全电路辅助通道测试：直达公务信噪比调测等。

（4）全电路集中监控性能检查与测试：主控站对各站遥信遥控告警等性能的测试。

（5）全电路稳定性能测试。

2．工程量计算规则

微波数字段调测、全电路调测以"段"为计量单位。

五、工程案例

案例 4-1 在楼顶的铁塔上安装调测抛物面天线，楼高60m，铁塔高30m，技术改造安装工程概算见表4-1。

表 4-1　　　　　　技术改造安装工程概算表

金额单位：元

编制依据	项目名称	单位	数量	安装单价		安装合价	
				定额基价	其中人工	费用金额	其中人工
GT4-1	抛物面天线安装调测楼顶上（60m以内）	面	1	3884.36	3140.47	3884.36	3140.47
GT4-3	抛物面天线安装调测铁塔上（60m以内）	面	1	5175.82	4344.03	5175.82	4344.03
	小计					9060.18	7484.5

第 5 章　电力载波设备

一、主要内容及范围

本章包括电力载波设备安装调测和电力载波设备联调，共 2 个子目。

二、未包括内容

（1）电力载波线路敷设，使用时套用《电网技术改造工程预算工程　第三册　输电线路工程》相关子目。

（2）阻波器、滤波器安装，使用时套用《电网技术改造工程概算工程　第二册　电气工程》相关子目。

三、2015 版较 2010 版定额的主要变化

本章内容均为新增。

四、定额使用说明

第 1 节　电力载波设备

1．工作内容

开箱检查、清洁搬运、划线定位、安装加固机架、接地、通电检查、单机性能测试、通道测试、设备联调、数据记录、填写调试报告。

2．工程量计算规则

（1）电力载波设备以"台"为计量单位，包含了电力载波设备、高频差接网络设备安装调测。

（2）电力载波设备联调以"套"为计量单位，包含了电力载波设备、载波复用保护通道联调。

五、工程案例

案例 5-1　某工程安装 2 台电力载波设备，并进行设备系统联调，技术改造安装工程概算见表 5-1。

表 5-1 　　　　　技术改造安装工程概算表

金额单位：元

编制依据	项目名称	单位	数量	安装单价		安装合价	
				定额基价	其中人工	费用金额	其中人工
GT5-1	电力载波设备	台	2	1193.48	371.32	2386.96	742.64
GT5-2	电力载波设备联调	套	2	1902.71	587.10	3805.42	1174.20
	小计					6192.38	1916.84

第6章 辅 助 设 备

一、主要内容及范围

本章包括电缆槽道、走线架和配线架、分线设备安装，分为 3 个小节，共 16 个子目。

二、未包括内容

（1）电缆槽道通过沉降缝、伸缩缝等需特殊处理所增加的费用，使用时套用《电网技术改造工程概算工程 第一册 建筑修缮工程》相关子目。

（2）电缆槽道支吊架制作安装，使用时套用《电网技术改造工程概算工程 第二册 电气工程》相关子目。

（3）凿槽刨沟，使用时套用《电网技术改造工程概算工程 第一册 建筑修缮工程》相关子目。

（4）打穿墙洞，使用时套用本册第 13 章相关子目。

三、2015 版较 2010 版定额的主要变化

本章内容均为新增。

四、定额使用说明

第 1 节 电缆槽道、走线架

1．工作内容

开箱检验、清洁搬运、划线定位、组装、安装固定、打孔、接地等。

2．工程量计算规则

电缆槽道、电缆走线架以"m"为计量单位，不分主槽道、过桥、汇流、垂直、对墙槽道，均执行统一定额标准。

3．定额调整说明

（1）电缆槽道、走线架定额中不包括通过沉降伸缩缝和要做特殊处理的费用。

（2）电缆槽道、走线架安装定额按成品考虑。

（3）电源切换装置是指为通信设备提供直流双电源切换的装置，单独安装时套用，若与机架成套供应时则套用"机架"子目，不得重复套用。

（4）电缆槽道、走线架子目不分主槽道、过桥、汇流、垂直、对墙槽道，均执行统一定额标准。

第2节 配 线 架

1．工作内容

开箱检验、清洁搬运、划线定位、安装固定、接地等。

2．工程量计算规则

测量台、业务台、辅助台以"台"为计量单位，为大容量音频配线架配套辅助设备，是按成套配置取定的。

3．定额调整说明

（1）分配架整架子目是按成套供应考虑的，子目设置时已综合了各种因素，使用中不论容量大小，子目不作调整。"综合配线架"按集约型考虑，使用中不论容量大小，子目不作调整。分配架扩容时应套用子架子目，子架子目含子框和端子板的安装。

（2）滑梯、测量台、业务台、辅助台、总信号灯盘为大容量音频配线架配套辅助设备，是按成套配置取定的。

第3节 分 线 设 备

1．工作内容

开箱检验、清洁搬运、划线定位、安装固定、安装端子板（模块）、接地、调整清理等。

2．工程量计算规则

保安单元、电缆交接配线箱、音频分线盒、高频分线盒安装以"个"为计量单位。

第7章 设备电缆

一、主要内容及范围

本章包括布放线缆、配线架布放跳线、放绑软光纤、固定线缆、电源电缆，共 6 个子目。

二、未包括内容

布放设备电缆不包含设备内的布线。

三、2015 版较 2010 版定额的主要变化

本章内容均为新增。

四、定额使用说明

第 1 节 布放设备电缆

1. 工作内容

放线、分线、绑扎、剥隔离皮、做头、对线、焊（卡）线、整理、试通等。

2. 工程量计算规则

（1）放绑软光纤子目是指单芯软光纤以"条"为计量单位，定额已综合考虑光纤长度，使用时不做调整。

（2）布放线缆以"100m"为计量单位，包括布放射频同轴电缆、电话、以太网线。定额已综合各种规格型号、电缆芯数，使用时不作调整。

3. 定额调整说明

（1）固定线缆子目是指固定一条设备电缆的定额标准，包括电缆两端头制作、编绑。

（2）音频配线架布放跳线子目塑料跳线数量是按一架 8 直列或 9 直列计算的，跳线为未计价材料。

第 8 章   程 控 交 换 设 备

一、主要内容及范围

本章包括程控电话交换设备安装调测、程控电话交换设备系统联调、电力调度程控交换机安装调测、电力调度程控交换机系统联调、软交换设备安装调测、软交换设备系统联调，分为 6 个小节，共 15 个子目。

二、未包括内容

（1）设备电源电缆（线）敷设，使用时套用本册第 7 章相关子目。

（2）电源分配架安装，使用时套用本册第 6 章相关子目。

三、2015 版较 2010 版定额的主要变化

本章内容均为新增。

四、定额使用说明

第 1 节   程控电话交换设备安装调测

1. 工作内容

开箱检验、清洁搬运、划线定位、安装固定、安装机盘及电路板、接地、设备静态检查、通电、本机指标测试、软件安装、调试开通、清洁整理等。

2. 工程量计算规则

电话交换设备以"架"为计量单位。

3. 定额调整说明

（1）安装测试用户集线器设备的定额，包括与电话交换设备间的线缆连接。

（2）维护终端、话务台、告警设备定额子目是综合子目名称，使用中按实际工作内容分别套用定额。

（3）电话交换设备子目是按 500 线/架列，对于大于 500

线的程控交换设备安装还需再套用户集线器（SLC）设备子目，以"500线/架"为计量单位，定额单位中的"线"是指门数。

（4）维护终端、话务台、告警设备定额子目是综合子目名称，使用中按实际工作内容分别套用定额。

第2节　程控电话交换设备系统联调

1．工作内容

平台测试、通话测试、自环测试、中继测试、连通测试、数据记录、填写调试报告。

2．工程量计算规则

程控电话交换设备系统联调以"千线"为计量单位，定额单位"千线"是指交换门数。

第3节　电力调度程控交换机安装调测

工作内容如下：开箱检验、清洁搬运、划线定位、安装固定、插装机盘及电路板、接地、设备静态检查、通电、本机指标测试、清洁整理等。

第4节　电力调度程控交换机系统联调

1．工作内容

设备软、硬件平台性能指标测试，建立运行方式数据库，与电网调度系统连通测试，数据记录，填写调试报告。

2．工程量计算规则

电力调度程控交换机系统调测以"系统"为计量单位。

第5节　软交换设备安装调测

1．工作内容

开箱检验、清洁搬运、划线定位、安装固定、安装机板卡、接地、设备静态检查、通电、本机指标测试、清洁整理等。

2．工程量计算规则

软交换设备以"台"为计量单位。

3．定额调整说明

（1）软交换设备子目包括设备硬件及软件安装调试。

（2）IMS设备安装调试套用软交换设备安装调试相关子目。

第6节 软交换设备系统联调

1．工作内容

软件安装、配置核心交换机、楼层交换机、网关及板卡等信息、中继测试、功能实现、测试、记录。

2．工程量计算规则

软交换计费系统、基础业务应用平台调试、增值业务应用平台调试以"系统"为计量单位。

五、工程案例

案例8-1 某工程安装2000线容量的程控交换设备1台、话务台2台、告警设备1台，技术改造安装工程概算见表8-1。

表8-1 技术改造安装工程概算表

金额单位：元

编制依据	项目名称	单位	数量	安装单价		安装合价	
				定额基价	其中人工	费用金额	其中人工
GT8-1	电话交换设备	架	1	1525.26	948.12	1525.26	948.12
GT8-2	用户集线器（SLC）设备	500线/架	3	1260.23	880.65	3780.69	2641.95
GT8-5	维护终端、话务台、告警设备	台	3	207.33	117.42	621.99	352.26
	小计					5927.94	3942.33

第 9 章 监控设备、电子围栏、门禁系统

一、主要内容及范围

本章包括采集设备安装调测，视频管理机、监控管理设备安装调测及系统联调，显示装置、记录设备安装调测，视频监控设备系统联调，动力环境监控设备安装调测及联调，输电线路监测装置安装调测，变电设备监测装置安装调测，电子围栏安装调测，门禁系统安装调测，分为 9 个小节，共 30 个子目。

二、未包括内容

1．设备之间连接缆线的敷设，使用时套用本册第 7 章相关子目。

2．设备之间连接光缆的敷设，使用时套用本册第 13 章相关子目。

三、2015 版较 2010 版定额的主要变化

本章内容均为新增。

四、定额使用说明

第 1 节 采集设备安装调测

1．工作内容

开箱检查、清点设备、设备组装、检查基础、安装设备、接线、标记、通电检查、调测、清理现场。

2．工程量计算规则

摄像机、云台以"台"为计量单位，子目均综合考虑了型号、安装方式，无特殊要求不得调整，与摄像机一体的云台，不再套用云台子目。

3．定额调整说明

在铁塔上安装摄像机，套用摄像机安装调测子目，按人

工费乘以系数 1.5 调整。

第 2 节　视频管理机、监控管理设备
安装调测及系统联调

1．工作内容

开箱检查、设备初检、检查基础、安装设备、接线调整、通电检查、单机性能测试、试运行。

2．工程量计算规则

视频管理机、监控管理服务器以"台"为计量单位。

第 3 节　显示装置、记录设备安装调测

1．工作内容

开箱检查、设备初验、定位安装、通电检查、单机性能测试、试运行。

2．工程量计算规则

显示装置以"块"为计量单位。

第 4 节　视频监控设备系统联调

1．工作内容

对通道进行测试、对设备进行联调、数据记录、填写调试报告。

2．工程量计算规则

视频监控设备系统联调以"系统"为计量单位。

第 5 节　动力环境监控设备安装调测及联调

1．工作内容

开箱检查、清点设备、设备组装、接地、通电、调测、试运行，对通道进行测试、对设备进行联调、数据记录、填

写调试报告。

2．工程量计算规则

动力环境监控设备以"台"为计量单位。

3．定额调整说明

动力环境监控定额子目不包含采集设备的安装调测工作，使用时套用本章第 1 节相关子目。

第 6 节　输电线路监测装置安装调测

1．工作内容

开箱检查、清洁搬运、上塔安装固定、调整水平、固定连线、通电检查、单机性能测试、系统联调等。

2．工程量计算规则

（1）蓄电池以"组"为计量单位。

（2）太阳能板以"m²"为计量单位。

（3）系统联调以"基"为计量单位，是指铁塔上的数据采集等设备的整体调试。

3．定额调整说明

（1）输电线路监测装置安装调测不包括支架安装的费用，支架安装子目套用电气册相关章节。

（2）数据采集器、集中器子目是指在导线、地线、绝缘子串、线夹等金具上安装数据采集器或在铁塔、横担上安装数据采集器及数据集中器的安装调测。

（3）数据采集器、集中器为综合子目名称，适用于雷电数据、绝缘子泄漏电流、导线弧垂、导线温度、导线微风振动、导线风偏、导线舞动、线路覆冰、电缆局部放电、杆塔振动、杆塔倾斜、微气象、线路视频监控等各种类型的输电线路在线检测装置，套用时按实际数量计算。

（4）输电线路在线监测系统使用的蓄电池如需发生人工

搬运的，套用"输电线路册"相关子目。

第7节　变电设备监测装置安装调测

1．工作内容

（1）开箱检查、清洁搬运、调整水平、固定连线、通电检查、端子牌安装、单机性能测试。

（2）站控层与间隔层的调试，全站系统与继电保护、电量计费、直流、站用电等系统的接口调试，监控系统与各级调度中心信息的联调、数据记录、填写调试报告。

2．工程量计算规则

（1）智能终端、CAC 主机以"套"为计量单位。

（2）监控设备机柜以"架"为计量单位。

3．定额调整说明

智能终端包括了传感器、监测装置、IED 装置，为综合子目名称，适用于主变压器油色谱、主变压器局部放电、主变压器铁芯、主变压器套管、避雷器、电流互感器、电压互感器、开关机械特性、隔离开关触头温度、GIS 局放、SF_6 微水密度等各种类型的变电设备在线检测装置，套用时按实际数量计算。

第8节　电子围栏安装调测

1．工作内容

（1）敷设电缆保护管和电源线，安装绝缘杆、绝缘子、围栏线、报警装置、警告牌、红外探测器、主机，接地极安装及测试等。

（2）通电检查、整套系统联合调试。

2．工程量计算规则

主控制设备以"套"为计量单位。

第 9 节 门禁系统安装调测

1．工作内容

开箱检查、设备初验、安装设备、通电检查、单机性能测试、系统联调、数据记录、填写调试报告。

2．工程量计算规则

读卡器、键盘、电磁锁、门禁控制器以"台"为计量单位。

3．定额调整说明

门禁系统联调子目的控制点是指读卡器、键盘、电磁锁等设备。

五、工程案例

案例 9-1 某视频监控工程安装室内摄像机 10 台、室外摄像机 5 台（含云台）、前端视频管理机 1 台、监控管理服务器 1 台，技术改造安装工程概算见表 9-1。

表 9-1   技术改造安装工程概算表

金额单位：元

编制依据	项目名称	单位	数量	安装单价		安装合价	
				定额基价	其中人工	费用金额	其中人工
GT9-1	摄像机	台	15	157.04	87.76	2355.6	1316.4
GT9-6	视频管理机	台	1	750.25	369.87	750.25	369.87
GT9-7	监控管理服务器	台	1	1117.84	528.39	1117.84	528.39
GT9-11	视频监控设备系统联调	系统	1	4060.94	939.36	4060.94	939.36
	小计					8284.63	3154.02

第 10 章　会议电话、会议电视设备

一、主要内容及范围

本章包括会议电话设备安装调试及系统联调、会议电视设备安装调试及视频终端联网试验、会议电视系统联网调试，分为 3 个小节，共 11 个子目。

二、未包括内容

（1）会议电话、电视设备安装未包括设备间电缆及导线布放，使用时套用本册第 7 章相关子目。

（2）配套的摄像机、音响、照明等相关内容。

三、2015 版较 2010 版定额的主要变化

本章内容均为新增。

四、定额使用说明

第 1 节　会议电话设备安装及系统联调

1．工作内容

（1）开箱检查、清点设备、设备组装、接地、通电检查、单机性能测试、通路试验、终端机与汇接机对测、开通试验调测。

（2）对通道进行测试、对设备进行联调、数据记录、填写调试报告。

2．工程量计算规则

（1）会议电话汇接机以"架"为计量单位。

（2）会议电话扩音装置以"部"为计量单位。

第 2 节　会议电视设备安装及视频终端联网试验

1．工作内容

（1）开箱检查、清点设备、设备组装、接地、装配调测

机盘及附件、通电检查、单机性能测试。

（2）对终端进行联网试验、视通试验。

2．工程量计算规则

会议电视终端机，多点控制器，音、视频矩阵，编解码器，网管，以"台"为计量单位。

3．定额调整说明

会议电视终端机子目包含了会议电视终端机安装调测和会议电视视频终端联网试验的工作量。

第3节　会议电视系统联网调试

1．工作内容

本机及联网后软件与硬件调试及功能检查、数据记录、填写调试报告。

2．工程量计算规则

业务、指标、性能测试以"站"为计量单位，只在主站套用，1个系统只套用1次。对原有系统扩容，增加新会场，仍应在主站套用。

五、工程案例

案例 10-1　某工程安装会议电视终端机主会场1台，分会场15台，并作系统联调，技术改造安装工程概算见表10-1。

表 10-1　　　　　技术改造安装工程概算表

金额单位：元

编制依据	项目名称	单位	数量	安装单价		安装合价	
				定额基价	其中人工	费用金额	其中人工
GT10-5	会议电视终端机	台	1	913.01	493.16	913.01	493.16
GT10-6	多点控制器	台	1	577.01	405.1	577.01	405.1
GT10-10	会议电视系统联网调试	系统	1	3826.23	1297.49	3826.23	1297.49

编制依据	项目名称	单位	数量	安装单价		安装合价	
				定额基价	其中人工	费用金额	其中人工
GT10-11	业务、指标、性能测试	站	1	3148.79	2489.30	3148.79	2489.30
	小计					8465.04	4685.05

第 11 章　数据网设备

一、主要内容及范围

本章包括路由器安装调测、交换机安装调测、宽带接入设备安装调测、服务器安装调测、网络安全设备安装调测、数据存储设备安装调测、网络系统调试，分为 7 个小节，共 28 个子目。

二、未包括内容

设备之间连接缆线敷设，使用时套用本册第 7 章相关子目。

三、2015 版较 2010 版定额的主要变化

本章内容均为新增。

四、定额使用说明

第 1 节　路由器安装调测

1．工作内容

开箱检验，清洁搬运，定位安装机柜、机箱，接地，装配接口板，接口检查、接口正确性测试，硬件加电自检等。

2．工程量计算规则

路由器以"台"为计量单位。

3．定额调整说明

路由器按所处网络位置可分为三类：

（1）接入层路由器：位于网络的边缘，负责将流量馈入网络，执行网络访问控制，并且提供其他边缘服务。

（2）汇聚层路由器：位于网络的中间，负责聚和网络路由，并且收敛数据流量。

（3）核心层路由器：位于网络的核心，具有完整的路由信息，负责高速地运送数据流量。

第 2 节　交 换 机 安 装 调 测

1．工作内容

开箱检验，清洁搬运，定位安装机柜、机箱，接地，装配接口板，接口检查、接口正确性测试，硬件加电自检等。

2．工程量计算规则

交换机以"台"为计量单位。

3．定额调整说明

二层网络交换机定义为低端网络交换机,48 口以下的三层网络交换机定义为中端网络交换机，48 口以上的三层网络交换机定义为高端网络交换机。

第 3 节　宽带接入设备安装调测

1．工作内容

（1）安装：开箱检验、清洁搬运、定位安装、接地、通电检查、互连、接口检查等。

（2）测试：单机测试、设备性能测试、系统性能测试等。

2．工程量计算规则

接入复用设备（DSLAM）、宽带接入服务器（BAS）、无线局域网接入点（AP）设备以"台"为计量单位。

第 4 节　服务器安装调测

1．工作内容

（1）安装：开箱检验、清洁搬运、定位安装机柜、机箱、接地、通电检查、装配接口板等。

（2）调测：硬件系统调试、综合调测。

2．工程量计算规则

服务器以"台"为计量单位。

3．定额调整说明

服务器可分为三类：①低端服务器，采用 Windows 操作系统的 PC 服务器；②中端服务器，采用 Linux 操作系统的 PC 服务器；③高端服务器，采用 Unix 操作系统的服务器。

第 5 节　网络安全设备安装调测

1．工作内容

（1）开箱检查、定位安装、接地、互连、加电检查、清理现场等。

（2）硬件系统调试、联试安全保护。

2．工程量计算规则

防火墙设备、其他网络安全设备以"台"为计量单位。

第 6 节　数据存储设备安装调测

1．工作内容

开箱检验、清洁搬运、定位安装、接地、互连、接口检查、加电自检、联机调试。

2．工程量计算规则

硬盘存储、磁盘阵列、磁带存储、磁带库、光配存储以"台"为计量单位。

3．定额调整说明

（1）硬盘存储子目包括硬盘驱动、磁盘阵列 12 块以下。

（2）磁带存储子目包括磁带机、磁带库 1000 盒以下。

第 7 节　网络系统调试

1．工作内容

（1）局域网系统调试：局域网内对有关的网络设备及安全设备配置、变更及联调。

（2）接入广域网系统调试：对新增业务、新增广域网单位接入广域网的相关网络设备及安全设备配置、变更及联调。

（3）接入互联网系统调试：通过 Internet 访问内部业务的系统调试。

（4）网络安全系统调试：基于 IP 和 TCP/UDP 协议端口的访问控制，基于内容和应用类别的访问控制，含网络层策略调试。

2．工程量计算规则

系统调试以"系统"为计量单位。

五、工程案例

案例 11-1 某工程安装 1 台硬盘驱动器，15 块磁盘阵列，技术改造安装工程概算见表 11-1。

表 11-1　　　　技术改造安装工程概算表

金额单位：元

编制依据	项目名称	单位	数量	安装单价		安装合价	
				定额基价	其中人工	费用金额	其中人工
GT11-18	硬盘存储 磁盘阵列 12 块以下	台	1	532.49	176.13	532.49	176.13
GT11-19	磁盘阵列 每增 5 块	台	1	165.53	35.23	165.53	35.23
	小计					698.02	211.36

第 12 章　卫星通信甚小口径地面站 （VSAT）设备

一、主要内容及范围

本章包括中心站、端站设备安装调测和中心站站内环测及全网系统对测，分为 2 个小节，共 5 个子目。

二、未包括内容

设备之间连接缆线敷设，使用时套用本册第 7 章相关子目。

三、2015 版较 2010 版定额的主要变化

本章内容均为新增。

四、定额使用说明

第 1 节　中心站、端站设备安装调测

1．工作内容

开箱检验、清洁搬运、划线定位、安装固定、接地、通电检查、单机及单元调试。

2．工程量计算规则

（1）室内、外单元、监控设备以"台"为计量单位。

（2）端站设备以"站"为计量单位。

3．定额调整说明

室外单元安装已包括天线部分。

第 2 节　中心站站内环测及全网系统对测

1．工作内容

站内中频和射频环测、中心站与各端站对测、用户试通、数据记录、填写调试报告。

2．工程量计算规则

中心站站内环测、全网系统对测以"站"为计量单位。

3．定额调整说明

中心站站内环测及全网系统对测包括站内中频和射频环测、中心站与各端站对测、用户试通。

第13章　通 信 线 路

一、主要内容及范围

本章包括架、敷设光缆，架、敷设音频电缆，音频电缆接续与测试，保护管敷设及其他，光缆单盘测试，光缆接续，光缆测试，光缆跨越，分为 8 个小节，共 58 个子目。

二、未包括内容

1．管道支吊架等铁构件制作安装，使用时套用《电网技术改造工程概算工程　第二册　电气工程》相关子目。

2．OPGW 光缆架设，使用时套用《电网技术改造工程预算工程　第三册　输电线路工程》相关子目。

三、2015 版较 2010 版定额的主要变化

本章内容均为新增。

四、定额使用说明

第 1 节　架、敷 设 光 缆

1．工作内容

（1）架设架空光缆：检查光缆、配盘、架设光缆、卡挂挂钩、盘余长、绑保护物、余缆架安装等。

（2）架设 ADSS 自承式光缆：路径测量、检查光缆、配盘、布放紧固光缆、金具安装、调整光缆弧度，引下夹具、余缆架等附件安装、盘余长等。

（3）立水泥杆：挖坑、清理、立杆、回填夯实、号杆等。

（4）装拉线：挖拉线坑、装制地锚、安装拉线、埋设地锚、回填夯实、收紧拉线、缠（夹）固中把、清理现场等。

（5）架设架空吊线：安装并紧固支持物（或固定物）、布防吊线、紧线、做终结、丁字结、十字结等。

（6）检查光缆、配盘、穿放引线、敷设光缆、加保护垫、

绑扎固定、做标识。

（7）检查光缆、安装托板、穿放引线、布放光缆、复测光缆、包塑料保护管、绑扎固定、做标识等。

2．工程量计算规则

（1）立水泥杆以"根"为计量单位。

（2）子管敷设、敷设室内光缆以"100m"为计量单位。

（3）架空光缆、ADSS 自承式光缆、敷设光缆以"km"为计量单位。

3．定额调整说明

（1）架设架空光（电）缆子目已包括了架设架空吊线的工作内容，吊线已含了终结、假终结、丁字结、十字结等，使用时定额不做调整。

（2）立水泥杆子目中已含挖坑，设计可根据"距高比"对各种拉线的钢绞线用量做适当调整，但定额工日不变。

（3）中继光缆是指对传输性能指标、传输距离、安装工艺、工程验收、运行维护等要求较高，用于不同站点的传输设备间或骨干路由设备间的中继连接的光缆。例如：变电站之间、变电站与主站之间连接的 OPGW、ADSS、OPPC 及普通架空和管道光缆等。中继光缆测试的计量单位为"中继段"，中继段是指光缆始端配线架至光缆末端配线架的沿途距离，不论使用几盘光缆均为一个中继段，中继段一般是几千米或几十千米，如图 13-1 所示。

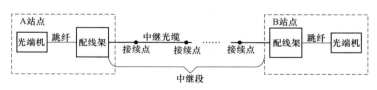

图 13-1　中继段

（4）用户光缆是指对传输性能指标、传输距离、安装工艺、工程验收、运行维护等要求相对较低，用于用户和用户之间或用户与传输设备之间的业务连接的光缆。例如：同一厂站内设备之间、智能配电网中用于信息传送的光缆等。用户光缆的计量单位为"用户段"，用户段是指光缆始端配线架（用户设备、交换机等）至光缆末端配线架（用户设备、交换机等）的沿途距离。用户段一般距离较短（用户段一般在 2km 以内），中间没有接头，如图 13-2 所示。用户光缆对测试指标没有严格要求，一般施工中无需进行单盘测试。

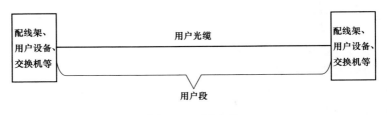

图 13-2　用户段

（5）架设架空光（电）缆是按平地考虑的，如在其他地形条件施工时，在无其他规定的情况下，丘陵、水田地形时定额人工、机械乘以系数 1.3，市区、山区地形时定额人工、机械乘以系数 1.5。

第 2 节　架、敷设音频电缆

1．工作内容

（1）架设架空电缆：检查电缆、配盘、架设电缆、卡挂挂钩、盘余长、绑保护物、余缆架安装等。

（2）人工敷设音频电缆：检查电缆、配盘、穿放引线、敷设电缆、加保护垫、绑扎固定、做标志等。

（3）装拉线：挖拉线坑、装制地锚、安装拉线、埋设地锚、回填夯实、收紧拉线、缠（夹）固中把、清理现场等。

（4）架设架空吊线：安装并紧固支持物（或固定物）、

布防吊线、紧线、做终结、丁字结、十字结等。

（5）安装固定支持物、装设槽板、检查测试电缆、布放电缆、端头处理等。

2．工程量计算规则

（1）架空电缆、敷设电缆以"km"为计量单位。

（2）成端电缆以"个"为计量单位。

（3）墙壁式电缆以"100m"为计量单位。

第3节　音频电缆接续与测试

1．工作内容

（1）确定位置、切缆、检测电缆、编麻线、芯线接续、复测对号、套管对位、画线、芯线处理、连接屏蔽线、端口清洁、包封套管、烤缩套管、整理和固定套管、气压及绝缘试验、做标志；测试全部电缆的线对间及芯线对地绝缘电阻、按规定抽测环路电阻、测试全部电缆线对的近端串音衰耗、记录数据并整理测试资料、清理现场等。

（2）开箱检查、清洁、安装测试、安装设备监视告警器、试运转，输气管的量裁、布放、固定、两端连接，电缆全程充气试验等。

2．工程量计算规则

（1）电缆接续、电缆全程调测以"100对"为计量单位。

（2）布放安装输气管以"20m/条"为计量单位。

3．定额调整说明

电缆全程充气子目只适用于充气型市话电缆。

第4节　保护管敷设及其他

1．工作内容

（1）保护管敷设：沟底修整夯实、锯管、弯管、接口、敷设、管卡固定、刷漆、管口封堵及金属管接地。

（2）穿放引上光（电）缆：加保护垫、做标识牌等。

（3）安装引上钢管：定位、装管、固定等。

（4）打穿墙洞：确定位置、打穿墙洞、封堵等。

（5）安装支撑物：打眼、安装、固定等。

（6）揭盖盖板：盖板揭起、堆放、盖板覆盖、调整。

（7）管道抽排水：抽排管道中的水。

（8）管道封堵：封堵管道口防止淤泥和小动物进入。

（9）管道清理淤泥：清理管道和电缆井中的淤泥等。

（10）修剪树枝：修剪危及光（电）缆安全的树枝等。

2．工程量计算规则

（1）引上钢管、光（电）缆、顶管以"根"为计量单位。

（2）打穿墙洞、安装支撑物以"个"为计量单位。

3．定额调整说明

子管一般是指管道光缆中用于保护光缆的套管，也称为保护管，子管按制作材料不同可分为 PVC 管、硅管等。

第 5 节　光缆单盘测试

1．工作内容

测量准备、开缆盘、清洗光纤、切缆、测量、记录数据、封缆头、清理现场。

2．工程量计算规则

光缆单盘测试以"盘"为计量单位。

3．定额调整说明

光缆单盘测试、光缆接续、光缆测试，设置了每增加 2 芯子目，使用方法为子目芯数以内的按照就高的原则套用定额，子目不得调整，超过定额芯数上限时，超过部分套用每增加 2 芯子目。

第 6 节　光　缆　接　续

1．工作内容

上杆（塔）放、收、固定光缆，检验器材，确定接头位置，纤芯熔接，盘绕固定余纤，复测衰减，安装接头盒或保护盒等。

2．工程量计算规则

中继光缆接续、OPGW 光缆接续、用户光缆接续，以"头"为计量单位，是指光缆接头的个数。

3．定额调整说明

光缆接续是指光缆纤芯之间的熔接、光缆纤芯与终端盒尾纤或光纤配线架熔接盘之间的熔接。

第 7 节　光　缆　测　试

1．工作内容

含"双窗口"1310nm 及 1550nm 光纤特性的测试、记录、整理测试资料等。

2．工程量计算规则

（1）中继光缆测试以"中继段"为计量单位。

（2）用户光缆测试以"用户段"为计量单位。

第 8 节　光　缆　跨　越

1．工作内容

光缆跨越低压线、弱电线、高压电力线、铁路、公路时，跨越架的搭设、拆除，放、紧线时跨越架的监护；跨越河流时，利用船舶将导引绳、牵引绳引渡过河，在放紧线时进行分线和监护；材料和工器具移运。

2．工程量计算规则

光缆跨越以"处"为计量单位。

五、工程案例

案例 13-1 某光缆工程在 A 站点到 B 站点之间敷设一条 6km 的 72 芯管道光缆（含子管，单盘光缆长度为 2km），并对敷设的光缆进行中继段测试，技术改造安装工程概算见表 13-1。

表 13-1 技术改造安装工程概算表

金额单位：元

编制依据	项目名称	单位	数量	安装单价		安装合价	
				定额基价	其中人工	费用金额	其中人工
GT13-5	敷设光缆	km	6	2760.97	2435.95	16565.82	14615.7
GT13-2	子管敷设	100m	60	307.25	222.89	18435	13373.4
GT13-28	光缆单盘测试（60 芯以下）	盘	3	1696.38	129.16	5089.14	387.48
GT13-29	光缆单盘测试（60 芯以上）（每增加 2 芯）	芯	18	46.99	2.94	845.82	52.92
GT13-36	中继光缆接续（60 芯以下）	头	4	3882	645.81	15528	2583.24
GT13-37	中继光缆接续（60 芯以上）（每增加 2 芯）	芯	24	74.89	14.68	1797.36	352.32
GT13-49	中继光缆测试（60 芯以下）	中继段	1	3535.18	1996.14	3535.18	1996.14
GT13-50	中继光缆测试（60 芯以上）（每增加 2 芯）	芯	6	87.66	44.03	525.96	264.18
	小计					62322.28	33625.38

第14章 公共设备

一、主要内容及范围

本章包括通用计算机、打印机、扫描仪、电话机、传真机、信息模块、防雷模块、语音网关、音响系统、投影机（含屏幕）的安装调测，共7个子目。

二、未包括内容

设备之间的电缆（线）敷设，使用时套用本册第7章相关子目。

三、2015版较2010版定额的主要变化

本章内容均为新增。

四、定额使用说明

第1节 公 共 设 备

1．工作内容

技术准备、开箱检查、定位安装、通电检查、单机性能测试、互联、检测调试。

2．工程量计算规则

（1）音响系统、投影机（含屏幕）以"套"为计量单位。

（2）语音网关，以"台"为计量单位。

3．定额调整说明

（1）通用计算机安装已包含常用软件的安装调测，不包括软件费用。

（2）音响系统包括调音台、功放、音响。

第 15 章　通　信　业　务

一、主要内容及范围

本章包括光口、电口、以太网口的业务接入调试，共 3 个子目。

二、未包括内容

业务接入的相关审批手续。

三、2015 版较 2010 版定额的主要变化

本章内容均为新增。

四、定额使用说明

第 1 节　业　务　接　入

1．工作内容

（1）业务开通前准备工作。

（2）用户数据、功能的调试。

（3）整理及填写调试报告。

2．工程量计算规则

电口业务、光口业务、以太网业务以"条"为计量单位。

3．定额调整说明

（1）业务接入是指主站与业务端具体业务的割接、接入开通，定额套用根据设计提资数量和速率进行计算，不论中间经过多少转接均按一条业务计列。

（2）无论设备的厂家、型号如何，均按业务接入的类型、速率划分。

（3）本章定额子目应根据建设单位的有关工作职能划分规定选择使用，若由施工单位开通业务时，则套用本章定额；由建设单位主业人开通业务时，则业务开通费用不计列。

附录1 110kV变电站综合楼部分设计图纸

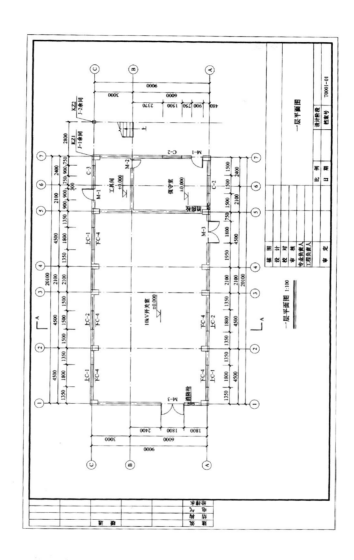

一层平面图

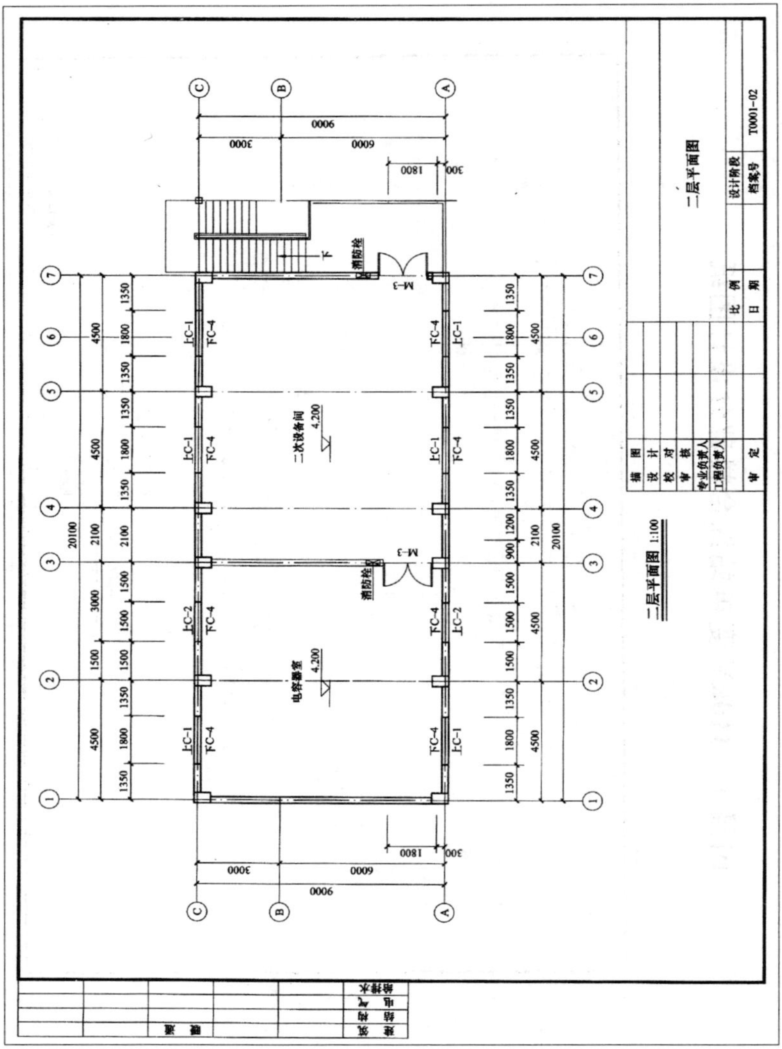
二层平面图 1:100
二次设备间
电容器室
4.200
消防栓
M-3
二层平面图
设计阶段
档案号
T0001-02
比例
日期
描图
设计
校对
审核
专业负责人
工程负责人
审定

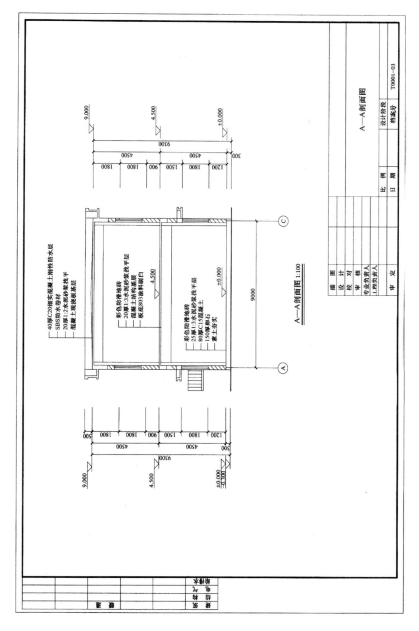

A—A剖面图 1:100

40厚C20细实混凝土刚性防水层
SBS防水卷材
20厚1:2水泥砂浆找平
混凝土现浇板基层

彩色防滑地砖
20厚1:3水泥砂浆找平层
混凝土上翻构基层
板底803涂料刷白

彩色防滑地砖
25厚1:3水泥砂浆找平层
80厚C15混凝土
150厚碎石
素土夯实

摘　图				比　例		A—A剖面图	
设　计				日　期		设计阶段	
校　对						档案号	T0001—03
审　核							
专业负责人							
工程负责人							
审　定							

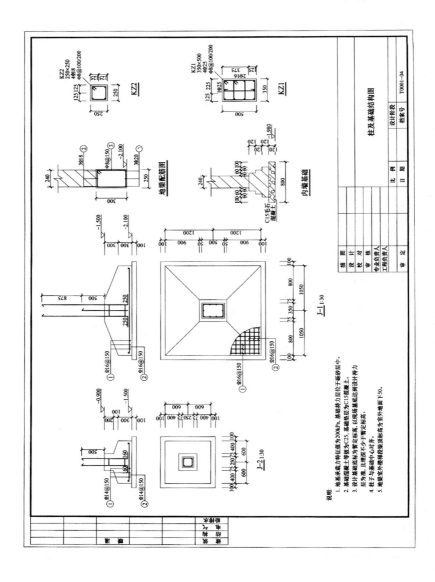

柱及基础结构图

说明:
1. 地基承载力特征值为200KPa,基础持力层位于杂砂层中。
2. 基础混凝土等级为C25,基础垫层为C15混凝土。
3. 设计基础底标高为暂定标高,以现场基底达到设计持力层为准,且增高不少于暂定标高。
4. 柱子与基础中心对齐。
5. 地梁室外楼框架顶标高为室外地面下-50。

200

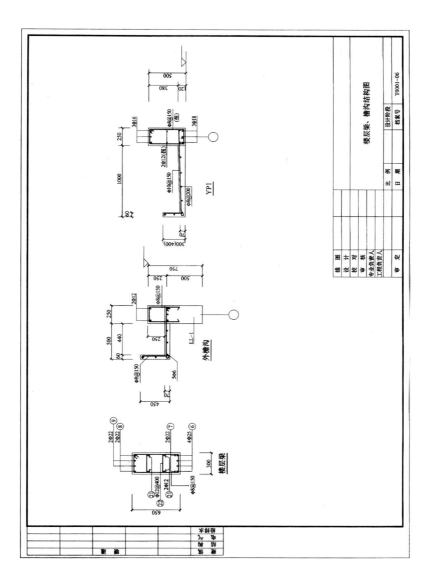

楼层梁、檐沟结构图

201

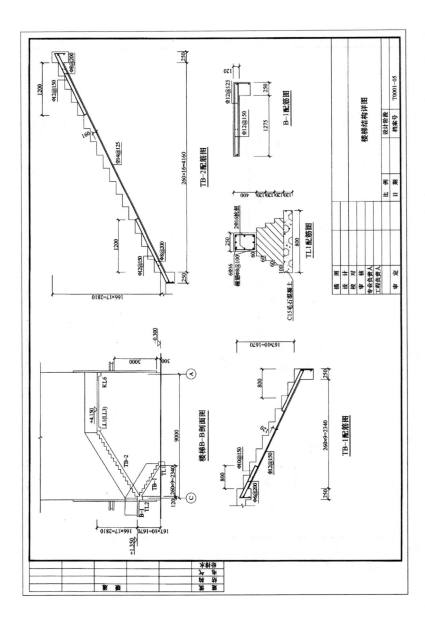

楼梯结构详图

附录 2 《电网技术改造工程概算定额　第一册 建筑修缮工程》勘误

以下勘误是在《电网技术改造工程概算定额　第一册　建筑修缮工程》（2015 年版）上进行的，但对于册说明、章节说明部分，如《2015 年版电网技术改造工程概算定额估价表》中已进行修改的，此处不再一一注明。

1．第 79 页　说明"2．……加气混凝土与空心砖及苯板等砌体外墙工程包括门窗洞口处、拉结钢筋处、女儿墙处等的实心砖砌筑及防开裂钢丝网敷设等工作内容"改为"2．……加气混凝土、轻骨料混凝土、空心砖及苯板等砌体外墙工程包括门窗洞口处、拉结钢筋处、女儿墙处等的实心砖砌筑及防开裂钢丝网敷设等工作内容"。

2．第 79 页　说明"3．金属墙板工程包括压型钢板墙板制作与安装墙板骨架制作与安装及刷油漆……"改为"3．金属墙板工程包括压型钢板墙板制作与安装、刷油漆……"。

附录3 《电网技术改造工程概算定额 第二册 电气工程》勘误

以下勘误是在《电网技术改造工程概算定额 第二册 电气工程》（2015年版）上进行的，但对于册说明、章节说明部分，如《2015年版电网技术改造工程概算定额估价表》中已进行修改的，此处不再一一注明。

1. 第2页 说明 二、工程量计算规则 "4. 干式电抗器、高压电抗器安装以'台'为计量单位，单相为一台"删除"单相为一台"。

2. 第415页 GQ8-39换流变压器油枕 将定额名称改为"换流变压器储油柜"。

3. 第436页 GQ8-61带接地刀50kV直流隔离开关 将名称修改为"带接地50kV直流隔离开关"。

4. 第436页 GQ8-62不带接地刀50kV直流隔离开关 将名称修改为"不带接地50kV直流隔离开关"。

5. 第436页 GQ8-63带接刀关双柱式500kV直流隔离开关 将名称修改为"带接地双柱式500kV直流隔离开关"。

6. 第436页 GQ8-64不带接地刀双柱式500kV直流隔离开关 将名称修改为"不带接地双柱式500kV直流隔离开关"。

7. 第436页 GQ8-65带接地刀三柱式500kV直流隔离开关 将名称修改为"带接地三柱式500kV直流隔离开关"。

8. 第436页 GQ8-66不带接地刀三柱式500kV直流隔离开关 将名称修改为"不带接地三柱式500kV直流隔离开关"。

9. 第439页 GQ8-67带接地刀双柱式800kV直流隔离开关 将名称修改为"带接地双柱式800kV直流隔离开关"。

10．第 439 页 GQ8-68 不带接地刀双柱式 800kV 直流隔离开关 将名称修改为"不带接地双柱式 800kV 直流隔离开关"。

11．第 439 页 GQ8-69 带接地刀三柱式 800kV 直流隔离开关 将名称修改为"带接地三柱式 800kV 直流隔离开关"。

12．第 439 页 GQ8-70 不带接地刀三柱式 800kV 直流隔离开关 将名称修改为"不带接地三柱式 800kV 直流隔离开关"。

附录4 《电网技术改造工程概算定额 第三册 通信工程》勘误

以下勘误是在《电网技术改造工程概算定额 第三册 通信工程》（2015 年版）上进行的，但对于册说明、章节说明部分，如《2015 年版电网技术改造工程概算定额估价表》中已进行修改的，此处不再一一注明。

第 144 页 说明 三、工程量计算规则 将"3. 语音网关，以'块'为计量单位"改为"3. 语音网关，以'台'为计量单位。"

编审人员名单
主要编制人

建筑修缮工程： 张致海　孟　颖　赵钢锁　刘文军
　　　　　　　 赵晓芳　钱　莺　武志阳　余光秀
电 气 工 程： 俞　敏　任鹏亮　周　斌　范殷伟
　　　　　　　 赵奎运　周　慧　苟全峰
通 信 工 程： 马卫坚　顾　爽　黄义皓　陈冠多
　　　　　　　 李丰厚

主要审查人

董士波　陈　飞　赖绮瑄